제4차 산업혁명으로 전 ▩▩▩▩▩▩▩▩▩▩▩▩▩▩▩▩▩▩▩▩더 예측하기 어렵게 되었다. 알파고가 이세돌 ▩▩▩▩▩▩ 국대국을 통해 과시한 기계학습으로 이뤄낸 인공지능기술은 일면으로 불안을 조성하지만 새로운 가능성 또한 제시하고 있다. 준비하는 자에게는 새로운 장들이 열리고 이노베이션은 필수적인 원동력이 된다. 이 책에서 저자들은 앞으로 빅데이터 속에서 펼쳐지는 제4차 산업혁명의 거친 파도를 폭이 넓고 시너지를 내는 '혁신의 혁신'이라는 힘으로 극복해야 한다고 강조하며 좋은 해결책들을 제시한다. 기업 경영과 기획에 필수적인 내용을 담고 있다.

– 강성모, KAIST 총장

조직의 규모나 종류에 관계없이 부인하기 어려운 혁신에 대한 불편한 진실은, 조직의 눈물겨운 노력의 결과로 탄생한 새로운 제품이나 서비스 또는 아이디어가 대부분 빛을 보지 못하고 사장된다는 사실이다. 저자들은 혁신을 혁신의 씨를 뿌리는 과정과 수확하는 과정으로 명료하게 정리하고 '공동혁신'이라는 독창적인 혁신생태계의 해법을 제시한다. 이 책은 혁신을 추구하는 모든 조직에게 혁신의 가치를 최종적으로 수확할 수 있는 창의적이고 효과적인 길을 알려준다.

– 나완배, GS칼텍스 대표

사회의 다양성이 증가됨에 따라 우리에게 절실하게 필요해진 리더십은, 구성원들의 다양성을 존중하면서도 모두가 받아들일 수 있는 공동의 가치를 함께 정의하고 달성할 수 있게 이끄는 소통에 기반한 '협치'의 역량일 것이다. 이 책은 '공동혁신'이라는 협력적 혁신 패러다임을 그 해법으로 이야기하며, 우리 사회가 어떻게 해야 공동의 가치를 도출하고 달성할 수 있는지를 공동창조, 컨버전스, 디자인 사고 등의 실질적 혁신전략과 사례를 통해 명료하게 제시하고 있다.

– 윤여준, 前 환경부 장관

모든 것이 불연속적으로, 시시각각으로 급변함에 따라 새로운 환경에서 살아남기 위해 기업들은 여러 가지 혁신기법들을 받아들였다. 하지만 다양한 혁신방법론들이 어떻게 시너지를 낼 수 있는지에 대한 글은 찾아보기가 어려웠다. 이 책은 '메타 이노베이션'이라는 제목이 상징하듯이 기존의 혁신방법론 자체를 혁신하는 것을 주제로 삼아, 디자인 사고, 컨버전스, 공동창조 등 최근에 대두된 혁신방법론의 참된 의미와 이들을 어떻게 결합해야 시너지를 일으킬 수 있는지를 새로운 혁신생태계 모델을 통해 제시하고 있다. 최근 혁신의 흐름을 올바로 이해하고 기업이나 개인의 삶에 창의적으로 적용하고자 하는 사람들이 꼭 읽어야 하는 책이다.

–이성열, 한국 AT커니 사장

메타 이노베이션 META INNOVATION

아무도 예측하지 못한 공동혁신의 미래

메타 이노베이션

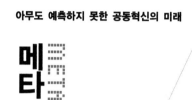

이상문(美 네브래스카대학교 석좌교수)
임성배(美 텍사스 세인트메리대학교 종신교수) 지음

한국경제신문

인간의 삶을 더욱 인간답게 만들어줄
스마트한 미래가 온다

이상철

LG그룹 상근고문
前 정보통신부 장관

우리나라에서 이세돌 9단과 구글의 알파고^{AlphaGo} 간의 대국 소식이 화제를 모으고 있을 때 나는 사설을 통해 사물인터넷^{IoT :} Internet of Things의 시대를 넘어 사물^{Things}이 뇌^{Brain}로 바뀌는 뇌인터넷^{IoB : Internet of Brain}의 시대가 오면 언젠가는 컴퓨터가 세계 최강의 바둑기사도 이기는 시대가 올 것이라고 예측했었다. 전 세계 컴퓨터가 네트워크로 연결되어 하나의 두뇌처럼 작동한다면 그 어떤 고수도 뇌인터넷의 적수가 되지 못할 것이라고 생각했기 때문이다.

그런데 막상 이세돌 9단이 1,200여 대의 중앙처리장치CPU가 연결되어 컴퓨터 4,000대를 합친 것과 같은 구글의 알파고에 거의 일방적으로 패배하는 모습을 보니 뇌인터넷의 시대가 생각보다 훨씬 빨리 우리 곁으로 다가왔다는 생각이 들었다.

뇌인터넷이 가져오는 혁신은 지금까지 우리가 경험하던 혁신과는 전혀 다른 차원일 것이다. 지금까지는 사람이 혁신의 주체였다면 뇌인터넷 시대에는 기계가 혁신의 주체가 될 것이기 때문이다. 기계가 주도하는 혁신은 우리가 상상할 수 없는 세계를 만들 것이다.

여기서 우리가 명심해야 할 점은 기계가 주도하는 미래의 혁신은 우리가 사는 세상을 더욱 멋지게 만들 수도, 매우 황폐화되어 도저히 살 수 없는 곳으로 만들 수도 있다는 것이다.

인류의 역사에서 혁신은 늘 양면적인 모습을 보였다. 우리의 삶을 더욱 즐겁고 윤택하게 하며 새로운 일자리를 창출하기도 했지만 자동화 등으로 인간의 역할을 대체하여 일자리를 빼앗기도 했다.

인터넷 덕분에 우리의 삶은 훨씬 편해졌고 관련된 새로운 직업도 많이 생겼지만 발달된 정보 시스템으로 인한 한계비용의 급격한 하락은 고용 없는 성장과 같은 심각한 사회문제를 야기하고 있다. 옥스퍼드대학교의 연구에 의하면 현존하는 일자리의 약 50% 정도가 20년 안에 인공지능에 의해 대체될 것이라고 한다. 요약하면 컴퓨터를 통해 지식을 축적한 기계가 주도할 미래의 혁신은 인류의 대처에 따라 축복이 될 수도, 재앙이 될 수도 있는 것이다.

한국이 배출한 세계적 석학인 이상문 네브래스카대학교 석좌교수와 혁신과 융합의 국제적 전문가로 잘 알려진 임성배 세인트메리대학교 경영학과 교수가 함께 쓴 《메타 이노베이션》은

'스마트 이노베이션'을 혁신의 미래로 제시한다. '스마트 이노베이션'은 혁신의 역할을 고민하는 인류에게 시의적절하면서도 담대한 해법이다.

저자들은 미래의 혁신은 사회를 구성하는 개개인에게 웰빙Well-being을 제공하는 스마트한 미래를 견인하는 혁신이어야 한다고 주장하면서 이러한 혁신을 스마트 이노베이션이라고 정의했다. 그리고 스마트 이노베이션을 위한 해법으로 '공동혁신Co-innovation'을 제시하고 있다.

스마트 이노베이션으로 우리 공동체의 구성원들에게 웰빙으로 상징되는 만족스러운 삶의 질을 보장해주는 스마트한 국가를 만들 수 있다면 정말 이상적인 미래가 될 것이다.

저자들이 스마트 이노베이션을 달성하기 위해 새롭게 창조한 공동혁신모형은 '폐쇄적 혁신-협력적 혁신-개방형 혁신'으로 진화해온 혁신의 미래 청사진이라 할 수 있다.

특히 지금까지 여러 전문가들에 의해 단편적으로만 다뤄져온 융합convergence, 공동창조co-creation, 디자인 사고design thinking 등의 다양한 아이디어들이 어떤 의미를 지니고 있고 어떻게 서로 시너지를 일으키며 공동혁신생태계를 구축해나갈 수 있는지를 창의적인 시각에서 보여주고 있다.

특히 막연하게만 다뤄지던 혁신의 과정을 혁신의 파종과 수확으로 나누어 접근함으로써 독자들이 쉽게 이해하고 현실에 적용할 수 있도록 내용을 전개한 것이 매우 인상적이다.

이상문 박사와 임성배 박사의 《메타이노베이션 : 아무도 예측하지 못한 공동혁신의 미래》는 일반 독자들에게 혁신의 참된 의미를 인식하고 부분적으로 다뤄지던 여러 혁신 도구들이 어떻게 융합하여 상승효과를 일으킬 수 있는지를 이해하고 문제해결이나 더 나은 미래를 설계하는 데 훌륭한 길잡이가 될 것이다.

그리고 이 책의 주제인 스마트 이노베이션의 핵심 도구인 공동혁신은 기업의 관리자나 창업자에게 어떻게 하면 고객, 공급업자, 정부, 경쟁업체 등 다양한 이해관계자들을 포용하는 협력적 혁신생태계를 구축하여 혁신에 기반한 지속가능한 경쟁우위를 달성하고 스마트한 미래를 선도해나갈 수 있는지에 대한 뛰어난 혜안을 제공해주고 있다.

인류의 역사는
혁신의 역사다

인류의 역사는 혁신과 가치 창출을 위한 끊임없는 노력으로 요약할 수 있다. 수렵과 채집 경제 시대의 인간은 의식주를 해결하기 위해 밤낮으로 일해야 했다. 선택의 폭이 좁았기 때문에 대부분의 경우 찾을 수 있는 것이 무엇이든 활용해야 했다. 하지만 인간의 경험과 환경에 대한 지식이 축적됨에 따라 혁신을 통해 무기, 연장 등을 만들고 협력하며 새로운 가치를 만들기 시작했다. 이때부터 혁신은 늘 가치 창출을 우선적 과업으로 여겨왔다. 그리고 얼마 지나지 않아 인간은 1년 내내 좀더 편한 삶을 누리기 위해 곡식을 수확, 저장하고 동물을 집에서 키우는 방법을 배우게 된다. 이것이 농업 경제의 탄생이다.

도구를 만들고 제품과 서비스를 만드는 기술과 더불어 기술적 진보가 연달아 일어났다. 산업혁명이 도래하자 기계와 인력이 결합하는 방식을 시스템화하기 위한 조직이 형성되기 시작했다. 19세기와 20세기에는 공장에서 대량생산을 하기 위한 거대한 산업화가 일어났다. 좀더 효과적이고 효율적인 제품의 생산, 운송, 소비를 위한 지속적 혁신은 기술적 발달로 이어졌다. 자동화와 정보처리 분야의 발전은 눈부셨는데 특히 정보혁명은 컴퓨터가 정보의 생산과 공유뿐만 아니라 삶의 질을 향상시키는 지식까지 창조해냄으로써 디지털 경제 시대를 열었다. 또한 글로벌화, 산업구조의 변화, 인구구성의 변화, 새로운 경제권의 대두, 환경에 대한 관심 증가 등을 포함하는 메가 트렌드가 동시에 일어나고 있다.

이제 우리는 서로 다른 기술과 아이디어와 개념들이 융합하여 혁신적 가치를 만드는 것이 가능해진 융합경제의 시대에 살고 있다. 정보통신 시스템의 발달은 새로운 세상을 만들어내고 있다. 컴퓨터는 시계, 안경, 패치Patch, 옷 등의 착용 가능한 형태, 지능형 벽화면, 엄청난 양의 데이터를 생성하는 센서, 빅데이터를 활용하여 지식을 창출하기 위한 스마트 분석 시스템 등 다양한 형태로 어느 곳에서든 활용될 수 있다. 인터넷 기술은 사물인터넷IoT : Internet of Things이나 만물인터넷IoE : Internet of Everything을 통해 소통, 의사결정, 가치창출을 위한 지식 네트워크를 만드는 것을 가능하게 해줬다. 3D에 기반한 혁신은 의학영상, 새로운 과학적 발견, 가상세계에서 넘쳐나고 있다. 빅데이터 시대는 적용적이고, 전면적이며 눈에 보이지 않는 분석을 통해 추세를 발견하고 위험을 분석하고 의사결정을 지원하는 다양한 기술적 발전을 가능하게 했다. 크라우드 컴퓨팅 기술의 발전은 SaaS Software as a Service, PaaS Platform as a Service, IaaS Infrastructure as a Service 등의 아이디어를 활용한 새로운 가치창출의 가능성을 열어줬다.

2011년에 우리가 컨버저노믹스 Convergenomics라는 새로운 용어로 소개하기도 한 융합경제는 가능성을 현실로 만들어내고 있다. 요소, 제품, 서비스, 조직의 기능부서, 기술, 산업, 생물학, 인공지능 등의 융합은 혁신적인 신제품과 서비스를 만들어냈다. 컨버저노믹스의 가장 좋은 예로는 의료관광, 나이키, 애플, 페이스북 같은 공동혁신조직, 나인 시그마 Nine Sigma, 크라우드 펀딩 Crowd Funding 같은 집단지성, 우버 Uber, 에어비엔비 Airbnb, 나인티나인 드레시스 99dresses와 같은 공유경제, 다빈치와 같은 수술용 로봇, 개방형 온라인강좌 MOOCs, 위내시경 검사용 필캠 Pillcam, 시각장애인을 위한 디지털 지팡이인 레이 Ray, 뇌파로 작동하는 휠체어 등을 들 수 있다.

새로운 시장의 힘

요즘은 모든 기업을 글로벌 기업이라고 할 수 있다. 대기업이든 중소기업이든 형태는 문제가 되지 않는다. 모든 기업들이 재무적인 안정을 확보하고 자재를 구매하고 요소를 조립·생산하고 완성된 제품과 서비스를 배분하고 고객을 찾아내려는 시장의 힘에 영향을 받는다. 컨버저노믹스 시대에는 다음과 같은 것들이 혁신을 위한 조직의 노력에 영향을 주는 새로운 시장의 힘으로 작용하고 있다.

첫째, 경영혁신기법이 보편화되었다.

이제는 경영혁신기법이 보편화commoditization되었다. 과거에는 앞선 조직들이 적시생산 시스템JIT : Just In Time, 총체적 품질관리, 경영프로세스 재설계, 식스시그마, 린 방식Lean Approach, 전사적 자원관리 시스템ERP 등의 혁신적인 시스템을 받아들여 경쟁력을 향상시켰다. 하지만 지금은 대다수의 조직들이 이와 같은 시스템을 받아들였다. 그 결과 여러 혁신 기법들은 보편화되어 꼭 필요하지만 더 이상 조직에 경쟁우위를 제공해주지는 못한다.

둘째, 갈수록 제품수명주기가 짧아지고 있다.

갈수록 빨라지는 기술의 발전 속도와 글로벌 시장에서의 치열한 경

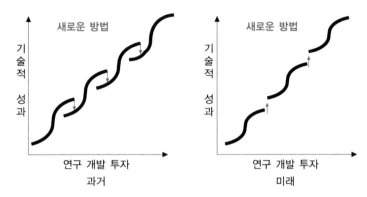

그림 ❙ 혁신의 S 곡선

기술적 성과 — 새로운 방법 — 연구 개발 투자
과거

기술적 성과 — 새로운 방법 — 연구 개발 투자
미래

쟁은 제품수명주기를 전례를 찾을 수가 없을 정도로 짧게 만들었다. 이동통신기술이 2세대에서 3세대, 4세대 그리고 5세대LTEA : Long Term Evolution-Advanced까지 이르면서 수많은 스마트폰 모델들이 출시되었다. 이러한 현상들은 전자제품, 신약, 심지어는 LED 전구로 대변되는 전구 시장에서까지 일어나고 있다. 이러한 상황은 기업들이 끊임없이 혁신의 S 곡선을 재탄생시켜야 함을 의미한다.

셋째, 저비용 지역으로 사업이 쏠리고 있다.

토머스 프리드먼은 세상이 납작하다고 주장했다. 물론 그가 말한 것 이상으로 세상은 많이 평평해졌지만 완전히 평평해진 것은 아니다. 지속적으로 공급 사슬을 평가하고 같은 가치를 좀더 저렴한 가격에 만들어낼 수 있는 근원을 찾는 일이 중요해졌다.

중국 노동자의 임금 증가율이 매년 15~20%를 기록하자 중국으로 향하던 아웃소싱의 물결이 주춤해지기 시작했다. 많은 기업들이 중국 대신에 베트남을 선택하기 시작했고 미국의 경우 일부 기업들은 중국에서 운영하던 부문들을 다시 미국으로 가져오는 것을 의미하는 리쇼어링Reshoring을 하기도 한다.

넷째, 새로운 글로벌 기업이 탄생하고 있다.

과거에 세계적 수준의 기업들에서 아웃소싱 주문을 받던 기업들이 강자로 부상하고 있다. 세계적 수준의 기업들과 아웃소싱 파트너로서 상호협력을 하는 동안 아웃소싱 업체의 역량 또한 성숙해져 자연스럽게 글로벌 기업으로 성장한 것이다. 한때 미국, 일본 등 선진국 기업들의 아웃소싱 파트너였던 한국의 삼성, LG, 현대는 이미 시장 지배적 글로벌 기업이 되었고 중국의 하이얼, 레노보, 알리바바, 인도의 타타, 인포시스, 대만의 HTC와 팍스콘 등과 같은 기업들도 비슷한 길을 걸으며 도약하고 있다.

다섯째, 경쟁우위와 가치혁신

과거에는 경쟁우위를 얻기 위해 제품 중심의 혁신을 강조했다. 그러나 이러한 혁신은 더 이상 충분하지 않다. 요즘에는 많은 기업들이 제품의 생태계를 만들어내기 위한 서비스나 경험 중심의 혁신에 몰두하고 있다. 애플이 만든 아이폰의 경쟁력은 다른 경쟁사의 스마트폰보다 더 나은 제품에 있지 않고 서비스와 앱스토어 및 충분한 액세서리를 제공하는 혁신적 생태계에 있다.

여섯째, 고객이 추구하는 가치가 달라졌다.

전통적으로 고객이 추구해온 가치는 제품의 실용적 특성에 관한 것들이었다. 사용적합성, 신뢰성, 가격, 품질 등이 그 예다. 그리고 치열한 글로벌 경쟁은 기업들이 좀더 발달된 가치인 속도나 고객화를 추구하게 했다. 하지만 요즘 고객들은 이러한 전통적 가치를 넘어서는 것을 원한다. 그들은 경험하고 배우고 공동창조에 참여하며, 안전, 미, 흥분감 등과 같이 새로운 차원의 느낌을 원한다.

일곱째, 그라운드웰 효과

사람들은 정보, 제품, 서비스 등 그들이 원하는 것들을 얻기 위해 정부나 기업에 의존해왔다. 그러나 요즘에는 원하고 필요한 것을 생산하는 다른 사람에 의존을 한다. 소셜 네트워크SNS는 거의 모든 분야에 관해 사용자가 생산한 내용, 평가, 경험을 제공한다. 그러므로 소셜 네트워크와 연동된 공유경제는 고객이 추구하는 가치의 중요한 근원이 되었다.

여덟째, 새로운 경제 모델의 탄생

기존 경제 모델은 다수의 생산자가 다수의 고객들의 욕구를 충족시키기 위해 노력하는 구조였다. 전성기였던 1988년에 코닥은 14만 5,000명의 종업원을 거느리고 전 세계 수백만 명의 사진과 관련된 욕구를 충족해줬다. 2012년 코닥은 파산을 선언했다. 같은 해에 인스타그램은 단지 13명의 종업원으로 1,000만 명의 고객에게 서비스를 제공하고 있었다. 새로운 경제모형은 어떻게 하면 최소의 인원으로 최대의 고객에 뛰어난 가치를 제공할 것인가에 초점을 두고 있다. 그리고 이 전략의 핵심에는 컨버저노믹스가 자리하고 있다.

혁신과 기업가정신의 담대한 미래

최근의 발달된 정보통신기술과 인터넷 기술은 개인, 조직, 정부, 국가를 위한 가치를 새로운 방식으로 창조할 수 있는 역동적 역량을 제공하고 있다. 그 예로 사람, 장소, 사물, 조직에 관한 상황과 환경에 따른 정보를 제공할 수 있는 상황고려 시스템Context Rich Systems을 들 수 있다. 또한 하드웨어나 사용가능한 네트워크에 제한을 받지 않는 온디맨드On-Demand 기반의 소프트웨어로 정의된 앱도 있다. 로봇처럼 인공지능에 기반한 스마트한 학습기계는 스마트한 자동차, 집, 공장, 인프라, 도시, 정부, 사회, 나아가 밝은 미래를 만들어낼 수 있다. 이러한 발전은 궁극적으로 안전한 환경, 좋은 건강상태, 목적이 있는 삶, 의미 있는 관계, 재무적으로 안정적인 삶 등으로 상징되는 더 나은 삶을 만드는 데 기여하게 된다. 그래서 혁신은 새롭거나 더 큰 가치를 만들기 위해 기존과는 전혀 다른 방법으로 새로운 아이디어를 적용하는 것을 의미한다.

혁신수명주기는 새로운 디자인, 생각, 발명, 특허, 방법 등을 내포하는 아이디어를 심는 것과 위험 감수, 벤처 창업, 기업의 성장 등을 포함하는 기업가정신을 통해 아이디어를 현금화하는 것을 포함하며 마지막으로 지속가능한 형태의 기업으로 자리 잡고 가치를 수확하는 것을 포함한다. 우리가 주장하는 혁신과 기업가정신의 결합어인 이노프레뉴어십Innopreneurship은 새로운 패러다임을 기반으로 한 창의적 아이디어가 생산적 가치창출 방식으로 연결될 수 있도록 도와주는 것을 의미한다.

이 책은 우리가 혁신의 씨앗을 뿌리고 추수할 때까지 요구되는 다양한 역량과 과정들을 포괄적으로 설명해주는 공동혁신생태계 모형을 중심으로 이야기를 전개하려고 한다.

공동혁신생태계는 우리가 개발한 모형으로 공동창조, 융합, 디자인 사고, 기업가정신을 핵심요소로 하고 있다. 사실 공동혁신의 구성요소들은 많이 들어 익숙하지만 대개는 단편적으로 알고 있는 내용인 경우가 많다. 많은 경우 혁신의 생태계 속에서 어떻게 시너지를 일으키는지에 대한 접근은 찾아보기 힘들다. 그리고 공동혁신생태계를 이해하기 위해선 생태계를 구성하는 각각의 요소들을 하나하나 먼저 이해해야 하는데 이들을 모두 함께 다루고 있는 책은 존재하지 않는다. 그렇다고 각각을 주제로 하는 책을 모두 읽는 것도 녹록한 일이 아니다. 그러므로 이 책에서는 혁신생태계를 구성하는 요인들을 독립된 장으로 하나하나 설명하여 독자들의 이해를 높인 후에 이러한 요소들이 공동혁신생태계 속에 어떻게 녹아들어가서 시너지를 일으키며 새로운 가치와 혁신을 일으키는지를 설명하고자 한다. 이를 위해 혁신의 정의, 원천, 진화에 대한 설명도 할 것이다. 그리고 마지막 가장 중요한 주제인 '혁신의 미래'에 대해 아무도 하지 못한 담대한 예측을 할 것이다.

메타 이노베이션

차례

제1장

메가 트렌드,
곧 다가올 변화의 물결

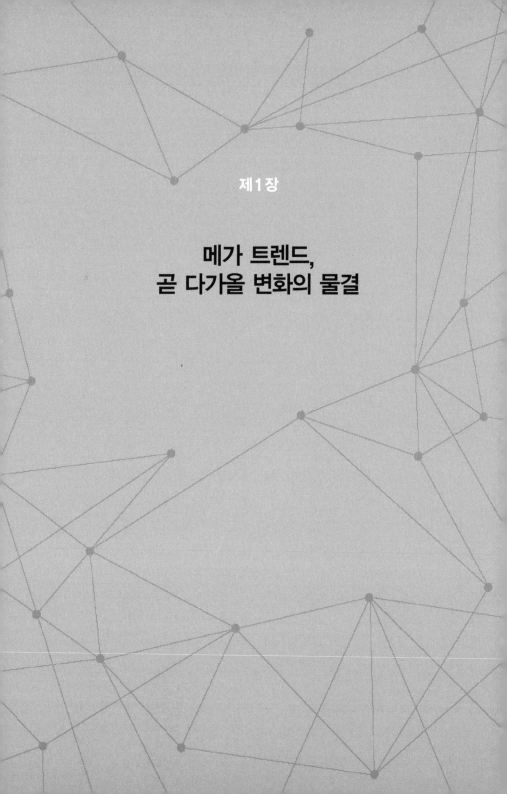

제1장

메가 트렌드,
곧 다가올 변화의 물결

01

META INNOVATION

혁신은 거부할 수 없는 흐름이다

가족과 함께 프랑스 파리를 여행하던 2011년 10월, 애플의 최고 경영자였던 스티브 잡스가 사망했다. 가족들과 함께 오페라하우스를 방문하고 나오다가 맞은편의 건물을 보게 되었는데 어느 상점 앞에 꽃다발이 수북이 쌓여 있었다.

나는 호기심에 길을 건너 건물 앞으로 다가섰다. 그 건물은 애플의 상점이었다. 여행 중이던 나는 그제야 스티브 잡스가 사망했다는 것을 알게 되었다. 애플의 고객들이 스티브 잡스의 사망을 애도하는 마음으로 상점 앞에 꽃다발을 놓고 간 것이다. 위대한 기업가들이 참 많았지만 스티브 잡스처럼 많은 사람들의 사랑을 받으며 세상을 등진 사람은 다시 나오기 힘들 것이다.

스티브 잡스가 사망했을 때 가장 많이 회자된 것 중 하나는 인류의 역사를 바꾼 사과에 관한 이야기일 것이다. 재미있는 사실은 발표 주체에 따라 사과의 개수가 변한다는 것이다. 어떤 이는 4개의 사과가, 어떤 이는 5개의 사과가 인류의 역사를 바꿨다고 이야기한다.

나는 특별한 나만의 이유로 3개의 사과가 인류 역사의 흐름을 바꿨다고 생각한다. 첫 번째 사과는 아담과 이브가 먹은 선악과다. 두 번째는 아이작 뉴턴에게 만유인력을 알게 한 사과다. 그리고 세 번째가 바로 스티브 잡스의 사과다. 내가 이 3가지만 꼽은 이유는 인류에게 '확 깨는 경험Awakening experience' 을 주었다는 공통점이 있기 때문이다.

선악과를 먹고 나서 아담과 이브는 자신이 나체라는 사실을 깨닫고 나뭇잎으로 급히 몸을 가리기 시작했다. 떨어지는 사과는 뉴턴에게 만유인력의 법칙을 깨닫게 했다. 스티브 잡스가 아이팟과 아이폰, 아이패드를 내놓았을 때 우리는 어떤 경험을 했던가? 아마도 대부분 사람들이 "경험을 해보니 어려운 기술이 필요한 것도 아닌데 왜 나는 이러한 제품을 상상조차 하지 못했을까?" 또는 "단지 여러 기술을 합친 것일 뿐인데 왜 나는 고객으로서 삼성이나 LG 등에게 이런 제품을 원한다는 이야기를 못했을까?" 같은 깨달음의 경험Awakening Experience이었을 것이다.

스티브 잡스가 애플의 혁신적 제품을 통하여 이전에는 상상하지 못했던 방향으로 삶의 모습을 근본적으로 바꿔놓으며 새로운 가치를 만들어냈기 때문에 애도의 행렬이 이어진 것이다. 즉 고객의 기대를 뛰어넘는 혁신적 제품을 통하여 새로운 경험을 선사한 것을 고객이 잊지 못한 것이다.

스티브 잡스뿐만이 아니라 박근혜 대통령이 주창한 '창조경제', 선진국에서 부각되고 있는 사회적 혁신social innovation 등 새로 부각되고 있는 현상 등을 통해서 볼 수 있듯이 혁신은 이제 선택이 아니라 국가와 기업을 포함하는 모든 조직의 지속가능한 생존을 위한 유일한 요건으로 여겨지고 있다. 하지만 '철학은 그 시대의 아들'이라고 주장한 철학자 헤겔의 유명한 말처럼 '혁신' 자체도 과거에 추구하던 혁신방법론을 떠나 새로운 환경에 어울리는 혁신방법론을 추구해야 할 때가 되었다. 우리는 늘 조직, 사회, 국가 차원의 혁신이 중요하다고 생각하고 추진하려고 노력했기 때문에 혁신이라는 단어 자체에 더 이상 감동하지 않는다.

그래서 어떤 기관에서는 '혁신'이 주는 진부한 이미지를 극복하고자 '이노베이션'이라는 영문 발음을 그대로 한글로 표현해 사용하기도 한다. 혁신이 이렇게 진부한 이미지를 주는 이유는 혁신 그 자체를 혁신하지 않았기 때문이다.

'혁신의 혁신', 즉 '메타 이노베이션Meta Innovation'이 필요한 시점이다. 메타 이노베이션이 필요한 이유는 변화의 가속도와 깊이와 폭이 기존에 우리가 경험했던 수준으로는 상상하기 어려운 수준으로 뛰어넘고 있기 때문이다. 그리고 이러한 추세는 더욱 가속화될 것이다.

예를 들어 인류가 '기록'을 하기 시작한 이후부터 2003년까지 축적한 데이터 양이 약 5엑사바이트(1Exabyte = 10억 Gigabyte)였는데 2011년부터는 같은 양의 데이터를 2일마다 만들어내고 있고 2013년에는 10분마다 만들어내고 있다. 빅데이터로 표현되는 데이터 처리 용량과 속도와 방법의 비약적 발달은 기업뿐만이 아니라 정부까지 포함하는 모든 조직들의 경영관행을 송두리째 바꿀 기세다.[1] 그러므로 우리 곁에 이미 다가왔거나 곧 다가올 새로운 변화의 물결이 무엇인지를 살펴보는 것도 의미 있는 일일 것이다.

2008년 금융위기 이후 시작되어 최근에 본격적으로 일어나기 시작한 큰 변화의 물결, 즉 메가 트렌드는 다음과 같이 요약될 수 있다. 이러한 변화의 기류는 어마어마하게 큰 흐름과 같아서 누구도 거역할 수가 없다. 우리가 과거 글로벌화의 초창기에는 글로벌화가 옳은 일인지 아닌지에 관한 많은 논쟁이 보수와 진보 진영을 중심으로 벌어졌지만 글로벌화가 거대한 메가 트렌드가 된 이후에는 논쟁 자체가 무의미해져 이제는 어떻게 하면 글로벌화를 잘할 수 있을까를 의미하는 '더 나은 글로벌화 better globalization'에 초점을 두고 있는 것과 같은 이치다. 그러므로 다음에 거론될 변화의 본질을 신속하고 올바르게 이해하고 개인, 조직, 사회, 국가적 차원에서 시의 적절하게 대처하는 것이 매우 중요한 일이다.

META
INNOVATION

비물질적 가치의 대두

첫째, 인류가 추구하는 가치가 물질적인 가치에서 비물질적인 가치로 변화하고 있다. 산업혁명 이전의 세계는 현대인의 삶을 기준으로 평가하면 약 99%가 빈곤에 처해 있었다. 그리고 그 당시에는 물질적 부를 크게 향상시키는 혁신이 몇 세대에 걸쳐 더디게 일어났다. 혁신에 대한 희망을 가질 수 없는 사회였다.

그러다 보니 사람들은 변화의 희망이 없는 물질적 가치보다는 종교적, 정신적 가치에 더 치중하게 되었다. 하지만 산업혁명을 거치며 빠른 시간 내에 부를 축적하여 일상의 삶을 좀더 편하게 만들 수 있는 환경을 경험하게 되자 사람들은 물질적 가치에 치중을 하기 시작했고 이러한 흐름은 최근까지 이어져 왔다.

경제적 성장을 상징하는 국내총생산GDP : Gross Domestic Product이 중요한 시기였던 것이다. 그러나 '필요한 것을 가지는 것'이 당연해진 선진국에서는 물질적 가치보다는 감정, 경험 등 비물질적 가치를 추구하는 바람이 빠른 속도로 확산이 되고 있다. 즉 국내총생산보다는 국민총행복GNH : Gross National Happiness으로 표현되는 행복지수가 더 중요한 시대가 된 것이다. 바꿔 말하면 경제적 만족도 중요하지만 직접 느끼는 행복감이 더 중요한 세상이 된 것이다. 이러한 흐름은 창조경제의 목적이 국내총생산으로 상징되는 경제적 가치가 되어야 하는지 아니면 국민들이 느낄 수 있는 어떤 새로운 가치여야 할지를 정부와 국민이 다시 한 번 진지하게 고민해야 함을 제시하고 있다.[2]

03

META INNOVATION

아날로그와 디지털의 소통

둘째, 스마트폰과 같은 모바일 기기의 보급으로 아날로그 세상과 디지털 세상이 본격적으로 소통하기 시작했다. 과거에는 우리의 일상인 아날로그 세상과 페이스북, 유튜브와 같은 디지털 세상은 확연히 분리가 되어 있었고 두 세계를 넘나드는 일은 컴퓨터에 익숙한 일부만이 누리던 특권이었다.

하지만 스마트폰의 보급으로 이제는 누구나 이 두 세상을 자유롭게 넘나들 수 있다. 스마트폰이 아날로그와 디지털 세상을 연결하는 통로가 된 것이다. 머지않아 스마트폰을 활용하여 오늘 먹은 점심의 음식 사진은 물론이고 맛과 촉감과 냄새까지 디지털 세상에서 공유할 수 있는 날이 올 것이다. 어느 날 갑자기 3D 프린터가 우리 곁에 가까이 다가온 것처럼 말이다.

스티브 잡스는 이러한 흐름을 누구보다 빠르게 인식했기에 물질적인 휴대전화와 비물질적인 앱스토어App Store와의 융합을 통해 막대한 부를 창출했다. 온라인에서 고객의 수요를 모아 오프라인의 사업자들에게 연결해주는 새로운 사업모델을 상징하는 O2OOnline to Offline의 등장과 비약적 성장도 같은 맥락에서 이해할 수 있다.

최근 전 세계에서 기득권을 가진 기존 택시사업자들의 반발과 합법성 여부로 주목을 받고 있는 우버나 온라인에서 간단한 집수리, 이사, 청소 등의 서비스를 원하는 고객과 해당 서비스 제공자를 연결시켜줌으로서 서비스 제공자에게는 더 많은 고객을, 고객에게는 저렴한 가격의 서비스를 제공하는 태스크래빗TaskRabbit 등이 좋은 예다.

실례로 얼마 전에 집에 형광등이 고장 나서 태스크래빗에 신청을 하니 곧바로 기술자를 연결해주었는데 오프라인상의 기술자가 130달러를 요구했던 작업을 태스크래빗을 통해 연결된 기술자는 단지 35달러에 완벽하고 친절하게 마무리해줬다.

기술자와 대화를 나눠보니 낮에는 USAA라는 대형 보험회사에 다니면서 저녁이나 주말의 여유 시간에 자신이 가진 기술을

그림 1-1 ‖ 태스크래빗의 웹사이트

* 출처 : www.taskrabbit.com

활용하여 태스크래빗을 통하여 연결된 고객들을 위해 일을 해서 추가 수입을 얻는다고 했다.

디지털과 아날로그가 융합하는 곳에서 창발하고 있는 모바일 관련 사업은 정보통신기술ICT: Information and Communication Technology 인프라가 잘 발달되어 있고, 정보통신기술 도입 의지와 활용 역량이 누구보다도 앞선 국민을 보유한 대한민국에는 새로운 기회의 땅이 될 수 있다.

무형재의 번성

셋째, 가치창출의 근원으로써 무형재의 번성이다. 소프트웨어와 MP3 파일 등의 디지털 제품으로 대변되는 무형재 시장의 급성장은 추가적인 제품 생산에 소요되는 한계비용을 0원에 가깝게 만듦으로서 전통적 제조업의 생산과정에서 창출되던 일자리를 아주 제한적으로 만들었다.

즉 제조과정보다는 새로운 제품과 서비스의 개발에 인력의 수요가 집중된다. 기존에 많은 일자리를 창출했던 제조 부분이 아닌 창의력으로 무장한 소수의 지식노동자를 필요로 하는 제품과 서비스의 개발과정에서 고소득 일자리가 창출됨으로 '고용 없는 성장'과 '소득의 양극화'가 필연적으로 일어날 수밖에 없는 것이다. 이러한 문제에 대한 고민의 결과로 서구에서 대두되고 있는 최근의 이슈가 '협력의 경제'나 '공유의 경제' 같은 개념이다.[3] 우리나라의 경우도 협동조합 결성의 비약적인 증가로 이러한 현상들이 가시화되고 있다.

05

혁신적 경영관행의 범용화

넷째, 혁신적 경영관행의 범용화다. 과거에는 선진국과 개발도상국 간에 경제성장 전략의 패러다임이 근본적으로 달랐다. 1970년대의 한국이나 현재 중국에서 볼 수 있듯이 개발도상국에서는 강력한 정부 주도 하에 전통적인 생산 투입요소인 토지, 노동, 자본의 적극적인 투입을 통해 국내총생산의 성장을 견인하는 것이 모범 답안이었고 선진국에서는 유한하고 값비싼 노동력이나 토지보다는 혁신을 통하여 노동생산성을 높이고 고부가가치 제품과 서비스를 생산하여 경제발전을 이끄는 것이 기본 전략이었다.

과거 선진국의 일류기업들이 값비싼 전사적 자원관리ERP : Enterprise Resource Planning4 시스템이나 의사결정지원 시스템DSS : Decision Support Systems 등을 도입하여 생산성을 혁명적으로 높이고 혁신적인 제품과 서비스를 개발했던 것이 좋은 예다.[5] 하지만 값싸고 성능 좋은 IT의 범용화는 선진국의 기업들이 누리던 뛰어난 경영 관행에 기반한 '혁신'이라는 경쟁우위를 무색하게 하고 있다.

과거 수십억 원의 비용이 들었던 전사적 자원관리 시스템은 크라우드 서비스6를 활용하면 거의 무료로도 사용할 수 있다. 컴피어Compiere사7의 전사적 자원관리, 세일즈포스닷컴Sales Force.com8의 마케팅정보 시스템 등이 좋은 예다. 즉 자본력이 약한 개발도상국의 기업들도 얼마든지 선진기업 못지않은 혁신적인 경영 관행을 도입할 수 있게 된 것이다. 3D 프린터의 범용은 이런 추세를 더욱 가속화할 것이다. 이런 상황은 기업들에게 기존의 강한 자본력과 뛰어난 경영관행이라는 기반을 넘어서는 근본적으로 다른 새로운 혁신 패러다임의 개발 필요성을 절감하게 하고 있다. 그리고 그에 대한 해법으로 대두되고 있는 것이 이 책의 주제인 공동혁신이다.

06

넓어지는 혁신의 폭

다섯째, 혁신의 폭이 넓어지고 있다. 기존에는 발명과 상업화의 과정을 거쳐 제품과 서비스의 혁신을 이루는 것이 혁신의 전부로 인식이 되었다. 하지만 이제는 정보통신기술이 융합의 주도적 역할을 하게 됨에 따라 혁신의 폭이 제품과 서비스를 넘어 고객기반 혁신, 가치사슬의 혁신, 비즈니스 모델 혁신, 고객이 원하는 가치 혁신 등 폭넓게 진화하고 있다.[9] 이러한 추세에는 제품요소 간의 융합, 기능부서 간 융합, 조직 간 융합, 산업 간 융합, 기술 간 융합, 생물학과 인공 시스템의 융합 등 다양한 형태의 융합을 가능하게 해준 정보통신기술의 역할이 지대했다. 창조경제를 지금까지의 흐름처럼 '정보통신기술과 다른 산업을 결합하여 새로운 가치를 지닌 산업을 창출하는 것'으로 협소하게 정의하는 것은 국가 차원에서 혁신을 통하여 거두어들일 수 있는 열매를 스스로 제한하는 것이다.

같은 맥락에서 소흐니 울컷^{Sawhney Wolcott} 등은 제품과 서비스의 혁신에만 집중한 그동안의 혁신전략이 가진 한계점을 지적하며 다음과 같이 12가지로 기업이 추구할 수 있는 혁신전략을 분류했다.[10]

① 제공^{Offering} : 새로운 제품이나 서비스를 제공하는 것으로 P&G의 전동칫솔이 그 예다.

② 플랫폼^{Platform} : 레고와 같은 모듈 중심의 접근으로 새로운 제품을 지속적으로 만들어내는 아이디어다. 같은 엔진을 활용하여 다양한 모델을 생산한 닛산자동차가 좋은 예다.

③ 솔루션^{Solution} : 고객화되고 통합된 제품, 서비스, 정보의 결합을 통해 고객의 문제를 해결하고자 하는 아이디어다. 융합적 사고방식을 기반으로 하고 있으며 휴대 컴퓨터와 글로벌 위치 시스템^{GPS : Global Positioning Systems}을 통한 위치 추적 기능을 결합한 제품으로 농부들에게 편의를 제공한 디리^{Deere} 사가 그 예다.

④ 고객^{Customer} : 새로운 고객 기반이나 충족이 안 된 욕구를 발견하는 혁신이다. 의무계약을 없애고 단순한 기기구조에 오락 기능을 강화하고 멋진 디자인을 적용하는 등 30대 이하 고객의 취향에 초점을 둔 서비스로 진입장벽이 높기로 유명한 통신서비스 시장 진입에 성공한 미국의 버진 모바일^{Virgin Mobile}이 예다.

⑤ 고객 경험: 고객과 마주치는 모든 순간들을 새롭게 재디자인하여 고객에게 더 나은 경험을 선사하려는 혁신전략이다.

⑥ 수익 원천 개발^{Value Capture} : 좀더 다양한 수익원을 개발하려는 혁신전략으로 탐색과 광고를 연결하여 혁신적인 수익원을 창출한 구글이 좋은 예다.

⑦ 과정^{Process} : 높은 효율성, 높은 품질, 빠른 제조 사이클을 위해 기업의 운영과정을 재구성하는 전략이다.

⑧ 조직^{Organization} : 조직의 구조, 업무영역 등을 재구성하는 전략이다. 조직의 구조를 제품 중심에서 고객집단 중심으로 재편성한 IBM이 좋은 예다.

⑨ 공급사슬^{Supply Chain} : 구매, 공급과 관련된 활동들을 창조적으로 재구성하는 전략이다. 대부분의 경쟁자들이 전적으로 아웃소싱과 규모의 경제에 의존하는 패스트패션 산업에서 소비지에서 가까운 곳에서의 내부생산과 아웃소싱

간의 균형을 유지하면서 소량을 생산하여 일주일마다 새로운 스타일의 제품들을 선보이고 있는 자라^{Zara}가 대표적인 예다.

⑩ 위치^{Presence} : 새로운 유통채널을 구축하거나 혁신적으로 소매점의 위치를 잡아서 새로운 시장이나 고객층에 접근하려는 전략이다. 시계를 생산하는 타이탄^{Titan} 사가 인도에 진출할 때 폐쇄적인 시계판매점이 아닌 보석, 전자제품 판매점을 이용한 것이 예다.

⑪ 네트워크^{Network} : 네트워크를 통해 제품, 서비스, 고객을 연결하여 경쟁우위를 얻는 전략이다. 컴퓨터가 장착된 트럭과 위성 GPS 시스템을 활용하여 기존에 3시간이던 콘크리트의 배송가능 시간대[11]를 20분으로 단축시킨 세멕스 ^{CEMEX}가 예다.

⑫ 브랜드^{Brand} : 기존의 브랜드를 확장하여 새로운 시장을 개척하는 것이다. 간단하고 좋은 이미지를 지닌 이지^{easy}라는 브랜드를 활용하여 이지젯^{easyJet}, 이지카^{easyCar}, 이지머니^{easyMoney} 등 다양한 영역으로 사업을 확장했던 런던에 기반을 둔 이지그룹^{easyGroup}이 대표적 예다.

07

빅데이터 시대의 도래

여섯째, 빅데이터 시대의 도래다. 부피^{Volume}, 속도^{Velocity}, 다양성^{Variety}이라는 3Vs로 설명할 수 있는 빅데이터는 기업과 정부를 비롯한 모든 유형의 조직들에게 숨겨진 가치를 발견할 수 있는 길을 열어주고 있다. 또한 창업가들에게도 새로운 창업의 기회를 열어줄 것으로 기대되고 있다.

3Vs에서 부피는 엄청난 양의 데이터를 의미한다. 예를 들어 2007년을 기준으로 전 세계의 데이터 처리 용량은 276엑사바이트였다. 실감나게 표현하자면 영화 한 편이 들어가는 CD에 276엑사바이트를 저장하면 여러분의 책상부터 시작해 달을 지나 5

만 마일(약 8만 킬로미터)을 더 갈 수 있는 높이로 쌓을 수 있는 용량이다.[12]

　다양성은 다양한 데이터의 종류를, 속도는 데이터 처리 속도를 의미한다. 과거에는 관계형 데이터베이스에 표[13]의 형태로 저장된 데이터만 분석이 가능했지만 이제는 분산처리 시스템 Distributed Computing [14]에 기초를 둔 맵리듀스MapReduce와 하둡Hadoop 등의 빅데이터 도구들의 등장으로 표의 형태뿐이 아니라 그림, 동영상, 문서, 위치 정보 등과 같은 다양한 자료들을 매우 신속하게 분석할 수 있게 되었다. 이러한 빅데이터의 등장이 중요한 것은 우리 인류에게 전에 없었고 기대하기 힘들었던 새로운 가치를 수많은 분야에서 선사할 것으로 기대되기 때문이다. 그래서 어떤 학자들은 3Vs가 아닌 가치Value를 기존에 것에 더하여 4Vs로 빅데이터의 특징을 설명하기도 한다.

META
INNOVATION

지속적 경쟁우위의 종말

마지막으로 지속적 경쟁우위 시대의 종말이다. 지속적 경쟁우위는 〈그림 1-2〉과 같이 산업 내에서 기업이 처한 위치를 경쟁업체, 대체재, 공급업체, 구매자, 잠재적 경쟁자와의 힘의 균형을 고려하여 분석한 후 차별화, 집중화, 비용우위 전략 등을 활용하여 지속적으로 경쟁우위를 유지하려는 전략이다.[15]

하지만 전 세계의 시가총액 1조 2,000억 원 이상의 기업 4,793개를 대상으로 한 연구에서 단지 10개의 기업만이 2000년에서 2009년 사이에 연속적으로 5% 이상의 순이익 증가를 보였다는 결과가 상징적으로 보여주듯이 더 이상 지속적 경쟁우위

그림 1-2 ┃ 마이클 포터의 5가지 경쟁 요인 모델

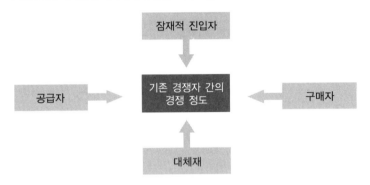

를 기대하는 것은 어렵다. 그리고 지속적 경쟁우위가 사라진 원인은 여러 측면에서 찾을 수 있지만 가장 중요한 원인은 갈수록 짧아지고 있는 제품수명주기다.[16] 리트레보Retrevo[17]의 분석에 따르면, 2010년 4월에서 2011년 3월 사이에 새로 출시된 스마트폰은 삼성이 30개, HTC가 20개, LG, 블랙베리, 모토로라, 노키아 등이 각각 15개 정도였다.

이러한 통계는 통신 단말기 시장이 얼마나 역동적으로 변하는지를 상징적으로 보여주고 있다. 기술적인 면을 비교해보면 같은 기간 내에 스마트폰에 탑재된 카메라의 해상도는 5메가픽셀megapixel에서 8메가픽셀로 2배 가까이 향상이 되었고, 프로세서는 싱글single core에서 듀얼dual core로 향상이 되었다. 더 나아가 기본 인프라인 네트워크도 3.5G에서 지금의 4G로 진화했다. 1

년 사이에 전혀 다른 세대의 기기로 한 단계 업그레이드된 것을 알 수가 있다. 최근에는 4G를 넘어 이미 5G라는 미래의 통신기술이 새로운 화두로 등장하기 시작했다.

이상으로 7가지 측면에서 거대한 변화의 흐름을 살펴봤다. 하지만 우리가 겪고 있는 큰 변화의 흐름을 7가지로 요약하기에는 너무나 방대하다. 예를 들어 환경적, 경제적, 사회적 지속가능성의 문제와 중국의 부상과 G2 시대의 도래, 브릭스BRICS18로 상징되는 새로운 경제의 도상, 기업의 사회적 책임CSR : Corporate Social Responsibility을 넘어서는 공유가치창출CSV : Creating Shared Value 의 대두 등 중요하지만 이 장에서 다루지 못한 변화의 흐름도 간과해서는 안 된다.

지금까지 우리가 목격하고 있는 변화의 물결을 메가 트렌드라는 제목으로 살펴보았다. 그렇다면 이러한 거대한 변화의 물결에 조직이 대응할 수 있는 방법은 무엇일까? 사실 기업들이 환경의 변화에 적응하기 위하여 새로운 전략을 개발하고 관련된 전술과 관행들을 실천하는 것은 새로운 일들이 아니었다. 각기 다른 환경에 따라 기업들이 추구하는 전략의 주안점도 다음과 같은 진화를 거듭해왔다.

① 효율성의 시대How to do things right : 세계대전 후 억눌렸던 소비 욕구가 촉발하고 베이비붐으로 인한 소비자의 숫자가 비약적으로 증가했던 시대에 기업들이 택한 주요 전략은 효율성의 향상이었다. 시장에 충분한 수요가 존재했기 때문에 기업들은 어떻게 하면 제한된 자원을 활용하여 최대한 많은 제품들을 생산할까에 초점을 둔 것이다. 즉 비용과 실수를 줄이는 것이 중요한 일이었다. 적시생산Just In Time[19], 품질관리법QC : Quality Control, 식스시그마[20] 등이 그 예다.

② 효과성의 시대How to do right things : 경쟁 환경이 갈수록 치열해져서 고객 중심의 시장이 되자 가격, 품질과 같은 효율성에 기반한 기존 가치들이 더 이상 주문을 결정짓는 '주문 달성자Order Winner'의 역할을 하지 못하고 구매의 고려대상이 되기 위한 최소한의 요건을 의미하는 '주문 조건 충족자Order Qualifier'로 강등이 되었다. 그러자 기업들은 어떻게 하면 고객의 욕구를 알아내고 만족시킬 것인가에 초점을 두게 된다. 즉 고객이 원하는 일(올바른 일)을 알아내어 즉시 행하는 효과성effectiveness이 더 중요해진 것이다. 고객과의 올바른 관계유지를 위한 고객관계관리CRM : Customer Relationship Management 시스템, 고객을 위한 올바른 의사 결정

을 위한 의사결정지원 시스템 등이 그 예다.

③ 창의성의 시대 how to do new things : 정보통신기술은 비약적인 발전과 더불어 범용화되어 자본력을 가진 거대한 기업들의 전유물이었던 정보통신기술 기반의 최고경영관행 Best Practices을 작은 기업들도 충분히 흉내 낼 수 있는 길을 열어주었다. 예를 들어 작은 기업들도 세일즈포스닷컴의 크라우드 서비스를 통해 매우 저렴한 가격에 고객관계관리 시스템을 활용하여 대기업 못지않은 고객관리를 하며 경쟁할 수 있는 시대가 된 것이다. 이러한 환경은 높은 효율성과 효과성에 의지하며 기존에 하던 사업만 계속해서는 더 이상 경쟁우위를 지속적으로 유지할 수 없는 환경을 만들어냈다.

사진과 필름으로 대변되는 광학산업에서 안주하다 실패한 코닥이 매우 좋은 예다. 즉 어떻게 하든지 지속적으로 새로운 아이디어를 만들고 실천하는 창의성이 중요한 시대가 된 것이다. 지속적으로 새로운 제품을 시장에 소개하는 것뿐만이 아니라 소개된 새로운 제품마다 기존 제품의 성능을 훌쩍 뛰어넘는 비약적인 성능 향상을 보여줘야만 생존할 수 있는 시대인 것이다.

이렇게 기업전략이 변하자 그 어느 때보다 중요성이 부각된 것이 바로 '혁신'이다. 지속적으로 새로운 아이디어와 그에 기반한 제품과 서비스를 만들어낼 수 있는 플랫폼이나 생태계를 지닌 기업만이 생존할 수 있는 시대가 된 것이다. 컴퓨터 제조업에서 휴대전화 제조업으로 변심한 애플, 광학산업에서 미용산업으로 뛰어든 후지, SNS 업체에서 온라인 최고의 디자인을 지닌 제품을 파는 온라인 스토어로 화려하게 변신한 팹닷컴 Fab.com 등이 이를 웅변하고 있다.

이러한 성공을 위해서는 개인이나 기업이 올바른 혁신 전략을 세워야 하는데 이를 위해서는 혁신에 대한 올바른 이해를 가지는 것이 매우 중요하다. 그러므로 다음 장에서는 혁신의 올바른 정의와 다양한 유형에 대하여 살펴보기로 한다.

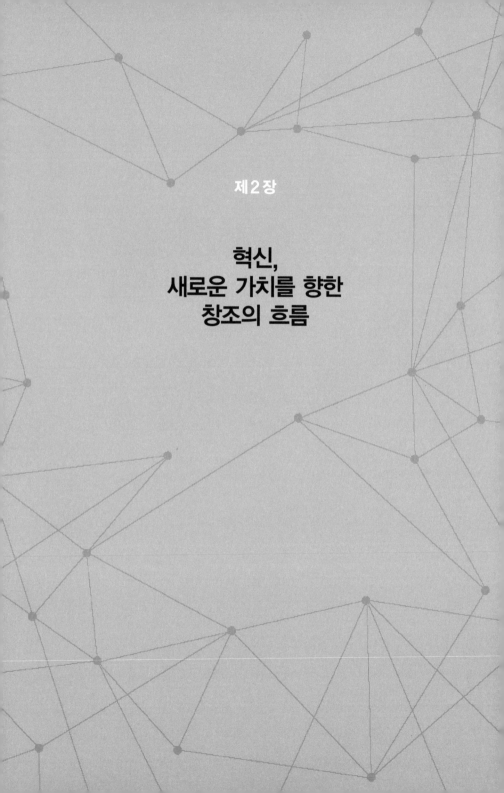

제 2 장

혁신,
새로운 가치를 향한
창조의 흐름

01

혁신이란 무엇인가

'혁신'이라는 단어는 매우 많은 의미를 내포하고 있다. 때로는 새로운 발명을 위해 하얀 가운을 입은 연구자들이 시험관에 약품을 넣는 모습을, 때로는 획기적인 제품을 개발하여 특허를 내는 것을 연상시키기도 한다. 어떤 경우는 단지 기존의 복잡했던 업무과정을 간단하게 처리하는 방법을 개발한 것을 혁신이라고 부르기도 한다. 혁신이라는 단어는 15세기에 처음 등장했으며 '어떤 새로운 것을 소개', '새로운 아이디어, 방법, 도구를 등장시키는 행위' 등으로 사전에는 정의되어 있다.[21] 동양적인 의미도 크게 다르지 않아 고칠 혁革과 새 신新이라는 글자의 합성어로 기존의 것을 새롭게 고침을 의미한다. 하지만 이러한 정의는 너무 일반적이기 때문에 개인이나 기업들이 실생활이나 경영에 적용하기가 힘들다. 그래서 이 책에서는 '혁신'을 다음과 같이 정의하고자 한다.

새로운 아이디어나 접근방식을 이전과는 근본적으로 다른 방법으로 적용하여 해당 기업과 이해당사자들에게 새로운 가치를 창조하는 것[22, 23]

이 같은 혁신의 정의는 3가지 중요한 점을 내포하고 있다.

첫 번째는 기존과 전혀 '다른 방법'이다. 앞에서 소개한 메가 트렌드에 의해 모든 환경이 근본적으로 변화하는 시기에 필요한 것은 전통적 의미의 혁신이 아니라 혁신 그 자체의 혁신을 의미하는 메타 이노베이션이 될 것이다. 즉 과거와는 전혀 다른 혁신 방식을 개발해야 한다.

두 번째는 폭넓은 이해당사자의 범위다. 과거에는 기업의 이해당사자란 주주, 고객, 공급업자 정도를 의미했다. 하지만 마이클 포터가 주창한 공유가치창출[CSV24]이라는 아이디어가 기업의 사회적 책임[CSR]을 넘어서는 아이디어로 대두된 예가 시사하는 바와 같이 이제는 기존의 이해당사자를 넘어 인류, 정부, 지역사회, 경쟁자, 잠재적 고객까지 모두 포괄하는 개념으로 이해 당사자의 개념을 폭넓게 정의해야 한다.

세 번째는 '새로운 가치'인데 이는 새로운 가치창출 방식의 적용결과다. 과거 제품 중심 접근에서 유행했던 제품 중심의 논리GDL : Goods Dominant Logic 하에서는 제품의 가치는 제품을 생산하는 기업에 의해 결정된다고 생각했다. 하지만 지금의 서비스 중심의 논리SDL : Service Dominant Logic 하에서는 제품의 가치는 제조기업이 아닌 소비를 하는 고객의 경험에 의해서 결정이 된다고 본다. 이런 견해는 혁신의 가치 또한 기업이 아닌 고객에 의해 결

그림 2-1 **|** **닌텐도 위 핏**

* 출처 www.nintendo.com

정됨을 의미한다. 그러므로 고객과 함께하는 혁신을 통하여 고객에게 새로운 경험을 전하는 것이 중요해졌다.

경험의 중요성을 보여주는 좋은 예로는 닌텐도와 스와치 Swatch를 들 수 있다. 닌텐도는 닌텐도 위Wii를 통하여 게임이 주는 경험의 본질을 '수동적인 가상세계로의 몰입'에서 '실생활에서의 능동적인 신체운동'으로 변화시켰다. 스위스의 시계 브랜드인 스와치 또한 시계가 주는 경험의 본질을 시간을 알려주는 것에서 저렴한 가격의 패션 악세사리로 변화시켰다. 이런 내용을 종합해보면 과거와는 전혀 다른 방식의 혁신을 통하여 폭넓은 이해당사자에게 새로운 가치를 전달하는 것이 혁신의 본질이라고 할 수 있다.

02

혁신과 발명은 다르다

많은 사람들이 혁신에 대한 이해를 명확하게 하지 못하는 이유는 발병과 혁신을 혼동하기 때문이기도 하다. 그렇다면 발명과 혁신의 차이는 무엇일까? 다음의 2가지 예를 생각하면 쉽게 이해할 수 있을 것이다.

1982년 3월에 윌리엄 홈스William Holmes라는 미국의 발명가는 신선한 공기 흡입기Fresh-Air Breathing Device and Method라는 발명품을 특허 출원했다. 아이디어는 매우 간단하지만 기발했다. 고층 호텔에 화재가 일어났을 때 대부분의 사망자가 가스질식으로 생긴다는 것과 화장실의 좌변기 물이 하수구로 내려가는 파이프

그림 2-2 | 공기 흡입기 특허서류

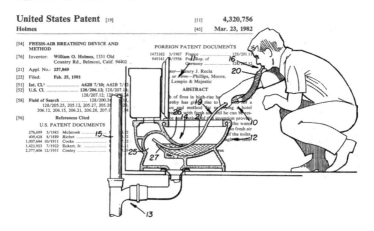

* 출처 : United State Patent and Trademark Office, www.uspto.gov

속에는 평상시 물이 안 내려갈 때 공기로 차 있다는 것에 착안을
하여 좌변기 속의 물을 통과하여 파이프까지 연결이 되어 그 속
의 공기를 흡입할 수 있는 긴 공기흡입 튜브를 만든 것이다.

1921년에 텍사스 남부의 샌안토니오San Antonio 시의 중심을
가로질러 흐르는 샌안토니오 강San Antonio River에서 홍수가 나서
50명의 목숨을 앗아갔다.[25] 많은 도시설계자들이 서로 다른 해
법에 관한 논쟁을 이어가고 있을 때 로버트 허그먼Robert Hugman
이라는 건축가가 등장하여 흥미로운 아이디어를 제시했다. 그
는 이탈리아의 베니스처럼 아름다운 아파트와 식당과 쇼핑장소
가 강변산책로를 따라 즐비하고 곤돌라 같은 배를 타는 것이 가

그림 2-3 ▮ 샌안토니오의 리버워크

* 출처 : 필자가 직접 찍은 사진

능한 도시형 공원을 제안했고, 도시 구성원들도 그의 아이디어를 지지했다. 오늘날 미국의 베니스라 불리는 리버워크^{River Walk}가 탄생한 것이다. 현재 리버워크는 매년 약 9,000억 원의 수익을 창출하고 있다.

앞의 2가지 예 중의 하나는 발명, 하나는 혁신의 좋은 예다. 어느 것이 혁신이고 어느 것이 발명일까? 결론부터 내자면 '신선한 공기 흡입기'는 단지 발명일 뿐이고 샌안토니오의 리버워크는 혁신의 좋은 예다. 그럼 무엇이 혁신과 발명의 경계를 만들어놓았을까? 그것은 바로 가치의 '수용' 이라고 할 수 있다. '신선한 공기 흡입기' 는 생명을 구하고자 하는 소중한 가치를 위해 만들어진 창의적인 아이디어지만 그 가치를 사람들이 받아들이는 것을 의미하는 '수용' 이 일어나지 않았다. 반면 리버워크는 늘 홍수로 범람하여 골칫덩어리였던 샌안토니오 강 주변을 베니스 못지않은 아름다운 도심관광지로 만들자는 창조적인 아이디어를 가치로 실현시켰고 그 가치를 사람들이 받아들인 것이다.

즉 혁신을 위해서 요구되는 것은 새로운 아이디어뿐만이 아니라 아이디어에서 나오는 가치를 사람들이 인정하고 받아들이느냐에 달려 있는 것이다. 그러므로 어떠한 가치를 만들었을 때 그 가치를 사람들에게 전달하고 받아들일 수 있게 설득하는 과정이 혁신의 성공을 위해서는 가장 중요하다고 할 수 있다. 이러한 과정의 수행을 위해 요구되는 것이 '기업가정신^{entrepreneurship}' 이다. 즉 발명이 혁신의 씨를 뿌리는 것이라면, 뿌린 씨에서 싹이 나고 자라면서 가뭄과 폭풍우 등 온갖 어려움을 극복하고 열매 맺게 하는 과정은 혁신의 수확이라고 할 수 있다.

혁신적 제품이나 서비스로 시장에서 승부했던 기업들의 흥망성쇠를 살펴보면 기업가정신의 중요성은 아무리 강조해도 지나치지 않다. 캠코더 시장의 소니, 스마트폰 시장의 애플, SNS 산업의 페이스북, 비디오게임 콘솔 시장의 닌텐도, 웹브라우저 산업의 마이크로소프트, 워크스테이션 분야의 선마이크로 등 성공적 기업들의 공통점은 시장의 선도자가 아니라 추격자였다는 사실이다. 이러한 예들은 '누가 먼저 창조적인 아이디어를 발명하고 제품화를 시켰는가'도 중요하지만 그보다 더 중요한 것은 '누구의 제품이 최종적으로 고객의 선택을 받았는가'이기 때문이다. 그러므로 혁신을 위해서는 창조적인 아이디어와 이를 뒷받침하는 기술력뿐만 아니라 제품의 가치를 고객의 욕구에 맞추고 그 가치를 고객에게 잘 전달함으로써 최종적으로 고객의 구매를 이끌어내는 기업가적인 정신과 기술도 중요하다고 할 수 있다.

MᏐTᏐA
ᏐNNᏐOVATIOᏐ

혁신의 분류

혁신의 본질을 이해하는 데 가장 유용한 방법 중의 하나는 다양한 기준에 따라 혁신을 분류해보는 일일 것이다.

점진적 혁신과 혁명적 혁신

점진적 혁신evolutionary innovation은 현재의 시스템을 지속적, 점진적으로 향상시키는 것을 의미한다. 반면 혁명적 혁신revolutionary innovation은 혁신의 폭을 넓힘으로서 존재하지 않는 새로운 방법을 창안해나가는 것을 의미한다.

이 두 개념은 일본과 미국의 혁신 관행을 비교하면 쉽게 이해할 수 있다. 일본은 주로 점진적 혁신을 선호했다. 한 시대를 풍미했던 총체적 품질관리TQM : Total Quality Management. 적시생산, 무결점 운동Zero Defect Movement 등이 일본이 성공적으로 주도했던 혁신 관행들이다. 미국은 일본과 달리 위험을 감수하고서라도 큰 변화를 추구하는 것을 선호했다. 기업의 업무 흐름과 관행을 통째로 바꾸는 것을 의미하는 업무 재설계BPR : Business Process Reengineering가 좋은 예다.

환자로 예를 들자면 일본은 알약을 주는 처방이라면 미국은 대수술을 하는 것이다. 세상이 천천히 변할 때는 점진적 혁신을 통하여 품질을 향상시키는 일본의 전략이 잘 들어맞았다. 과거 소니나 토요타의 성공이 이를 잘 설명해준다. 하지만 변화의 폭과 속도가 상상할 수 없을 정도로 크고 빨라짐에 따라 점진적인 혁신보다는 혁명적인 혁신의 중요성이 더 대두되고 있다.

불과 몇 년 만에 전 세계 휴대전화 시장을 석권하던 노키아와 블랙베리가 사라질 운명에 처할 줄 누가 알았겠는가? 경쟁 환경에 맞게 점진적 혁신과 혁명적 혁신 간의 균형을 잘 맞춰 제품성능을 지속적으로 향상시키면서 동시에 전혀 새로운 혁명적 제품도 꾸준히 내놓는 역량이 중요한 시대다.

요소 혁신과 구조적 혁신

요소 혁신component innovation은 제품이나 서비스의 일부분만을 향상시키는 혁신을 의미한다. 자동차로 예를 들면 자동차에 후면 카메라를 다는 것이다. 전체의 일부만을 변화시키기 때문에 혁신의 영향이 해당 부분에만 한정이 된다.

반면에 구조적 혁신architectural innovation은 제품과 서비스의 구조 전체에 변화를 주거나 구성요소들 간의 상호작용 방식에 근본적인 변화를 주는 것을 의미한다. 예를 들어 자동차에 전기로 작동하는 엔진을 다는 것은 자동차 전체 구조의 변화를 야기한다. 관련된 변화의 폭이 크듯이 혁신의 영향력도 요소 혁신에 비하여 크다. 요소 혁신은 점진적 혁신인 반면 구조적 혁신은 혁명적 혁신에 상대적으로 더 가깝다고 볼 수 있다.

지향적 혁신과 교차적 혁신

지향적 혁신directional innovation은 주로 시장 추격자에게 요구되는 혁신으로 앞으로 기업이 달성해야 할 목표가 명확할 경우 그 목표의 달성을 위해 모든 혁신 역량을 투입하는 것을 의미한다.

반면 교차적 혁신intersectional innovation은 시장선도자에게 요구되는 혁신으로 정해진 방향 없이 서로 다른 것들이 만나는 교차점에서 창조적인 혁신의 아이디어를 얻고 이를 제품이나 서비스로 승화시키는 것을 의미한다.

과거 우리나라의 전략이 제3공화국 시절에 경제개발 5개년 계획 등으로 상징되던 지향적 혁신이었다면 이제는 G20 국가의 일원으로서 교차적 혁신을 통해 창조적인 가치를 만들어냄으로써 인류의 삶을 윤택하게 하는 선도적인 역할을 할 때다. 이를 위해서는 강한 리더십에 기반한 효율성보다는 수평적 리더십에 기반한 창의성이 더 중요하다.

역량강화 혁신과 역량파괴 혁신

역량강화 혁신Competence Enhancing Innovation은 기존의 지식을 활용하여 시장에 있던 제품과 서비스를 점진적으로 향상시키는 것을 의미한다. 따라서 낮은 위험을 동반한다. 혁신 유형의 80% 이상을 차지하지만 이윤의 단지 30% 정도만을 기여한다. 큰 변화 없이 윈도우 시리즈를 고수했던 마이크로소프트의 웹브라우저인 인터넷 익스플로러가 좋은 예다.

반대로 역량파괴 혁신Competence Destroying Innovation은 기존의 제품이나 서비스는 물론이고 지식마저도 쓸모없게 만드는 혁신을 의미한다. 디지털 카메라와 내비게이션 기기의 시장을 급격하게 축소시킨 스마트폰의 등장이 좋은 예다.

04

META INNOVATION

혁신은 어떻게 진화하는가

지금까지 혁신의 정의를 소개하고 발명과 혁신의 차이를 알아보면서 고객의 수용이 혁신에 얼마나 중요한지를 살펴보고 다양한 기준에 따라 혁신을 분류했다. 다음으로는 혁신은 그동안 어떻게 진화했고 미래에는 어떠한 혁신이 필요한지를 살펴보고자 한다.

혁신 1.0 : 폐쇄적 혁신

전통적으로 조직은 경쟁우위 달성을 위한 독창적 핵심역량을 얻

그림 2-5 ┃ 폐쇄적 혁신

기 위해 많은 노력을 했다. 토지, 노동, 자본과 같은 전통적 생산 요소를 기반으로 앞선 기술, 마케팅, 재무전략, 공급사슬혁신, 인적 자본, 사회적 자본, 독창적 지식, 경영혁신 등이 경쟁을 위한 중요한 자산으로 등장했다. 이 시기의 협력은 단지 내부 종업원 사이의 협력만을 의미했고 조직들은 조직 외부에는 비밀로 한 채 내부적으로 독창적 역량을 쌓으려 노력했다.

이러한 폐쇄적 접근은 독창적인 내부역량을 활용하여 시장선 도자first mover의 역할을 선점하기 위한 것이었다. 이러한 환경 속에서는 당연히 내부의 연구개발R&D 부서가 혁신의 가장 중요한 원천이 되었고 R&D 부서의 목적은 한 기업만의 독립적 가치사슬을 지원하는 것이었다. 우리에게 가장 잘 알려진 폐쇄적 혁신 시스템은 벨연구소Bell Lab, NIHNot Invented Here 신드롬으로 유명한 P&G의 R&D 부서, '나사만이 할 수 있듯이As Only Nasa Can'를 주창한 나사NASA 등을 예로 들 수 있다. 〈그림 2-5〉는 전통적 가치 사슬에 기초한 폐쇄 시스템을 보여주고 있다.

혁신 2.0 : 협력적 혁신

글로벌 경쟁 환경이 전에 없이 빠른 속도와 큰 폭으로 변화함에 따라 조직이 독립적으로 내부의 자체 역량만으로 지속적인 경쟁 우위를 유지하기 어렵게 되었다. 고객의 욕구가 갈수록 높아지고 고객이 원하는 가치의 본질이 시시각각으로 변화함은 물론이고 경쟁기업의 전략 또한 역동적으로 변화함에 따라 특정 기업이 혼자 이 모든 도전을 극복하는 것은 어려운 일이 되었다.

그러자 글로벌 초일류 기업들까지도 혁신적인 가치사슬을 만들려면 외부의 협력 상대를 찾아야 한다는 현실을 깨닫고 자신의 핵심역량과 다른 기업의 핵심역량을 결합하여 시너지를 일으키는 전략을 세웠다.[26]

이러한 전략은 발달된 정보통신기술과 개방적인 가상 글로벌 마켓의 등장으로 전 세계 어느 곳에서라도 필요한 핵심역량을 가진 잠재적 협력대상을 찾아 긴밀한 협력을 할 수 있게 됨으로 현실화되었다. 이러한 조직 간의 다양하고 유기적인 협력관계는 나이키[27], 애플, 비지오VISIO[28], 마텔Mattel, 델 등의 많은 글로벌 기업들이 지속 가능한 경쟁우위를 성공적으로 달성하는 데 많은 기여를 했다. 이러한 사례들의 증가는 가치 생산Value Production[29]의 시대를 넘어 가치 조직Value Organization[30]의 시대가

그림 2-6 ┃ 협력적 혁신

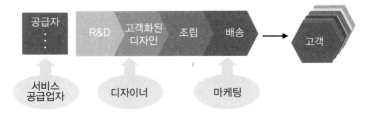

도래하고 있음을 상징적으로 보여주고 있다.

협력적 혁신의 도래가 낳은 흥미로운 현상 중의 하나는 'Intel Inside'라는 표현으로 상징되는 B2B^Business to Business 브랜드 마케팅이었다. B2B 브랜드 마케팅은 제품의 최종 판매자가 제품의 브랜드 대신에 어떤 공급업체의 부품이 들어가 있는지를 적극적으로 홍보함으로써 고객의 마음을 끌어내는 전략이다. 이러한 전략의 성공을 위해서는 어떠한 공급업체들과 협력을 하는가가 정말로 중요하다. 〈그림 2-6〉은 이러한 협력관계에 기초한 가치사슬을 보여준다.

혁신 3.0 : 개방형 혁신

네트워크로 연결된 글로벌 경제와 폭넓은 지식의 공유를 가능하게 해주는 발달된 정보통신은 혁신을 위한 협력의 가능성을 활짝 열어놓았다. 혁신 2.0(협력적 혁신)이 주로 기업 간의 일대일 협력에 관한 것이었다면, 혁신 3.0(개방형 혁신)은 보다 폭넓게 협력의 대상을 정의한다.

예를 들어 외부 연구기관, 대학, 과학자 집단은 물론이고 일반 개인들에게까지 협력의 문을 열어놓는다. 그래서 헨리 체스브로Henry Chesbrough는 가치 창조를 위한 안에서 밖으로inside-out로의 협력, 밖에서 안으로outside-in의 협력을 위한 혁신전략을 개방형 혁신open innovation으로 명명했다.[31]

개방형 혁신의 기본 아이디어는 새로운 혁신생태계를 만들어서 초일류 가치사슬을 만드는 것이었다. 이 새로운 생태계에는 상호보완적인 다양한 주체들이 협력관계를 기반으로 하나로 뭉쳐 긴밀하게 가치를 창출하는 방법을 만들어내는 곳을 의미한다. 예를 들어 P&G는 기업의 내부적 연구개발R&D과 외부와의 연결을 통한 개발을 의미하는 C&D Connect and Develop[32]를 융합한 독특한 가치사슬을 만들었다. 많은 시장 선도기업들과 비영리 기관은 물론 정부까지도 개방형 혁신의 아이디어를 적용하려 노력하고 있다.

최근에는 개방형 혁신 브로커들이 등장하여 해법 수요자와 해법 제공자 간을 연결시키는 역할을 하고 있다. 가장 잘 알려

그림 2-7 ┃ **개방형 혁신**

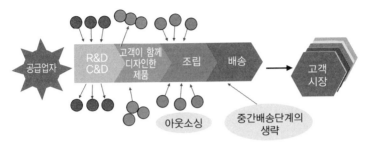

진 기업으로는 나인 시그마$^{Nine Sigma}$, 이노센티브^{InnoCentive}, Yet2.com 등이 있다.[33] 〈그림 2-7〉은 개방형 혁신 환경 하의 일반적 가치 사슬의 모습을 보여준다.

개방형 혁신을 지원하는 많은 아이디어 중에 최근 가장 유행하는 것은 크라우드 소싱$^{Crowd Sourcing}$[34]일 것이다. 크라우드 소싱은 집단지성$^{collective intelligence}$의 한 분야로 인식되기도 한다. 개방형 혁신이 협력적 혁신과 가장 다른 점은 협력적 혁신이 지식을 빌리는 것$^{Outside in}$과 조직 수준의 협력만 강조한 것에 비해 개방형 혁신은 빌려주고$^{inside out}$ 빌리는$^{outside in}$ 모든 방향의 협력을 중시하고 조직뿐만이 아니라 개인도 협력의 대상이라는 점을 들 수 있다. 한때 세계 최고의 브랜드 가치를 지녔던 코닥이 붕괴한 이유는 여러 가지를 들 수 있지만 가장 중요한 이유 중의 하나는 협력의 방향을 빌리는 것$^{Outside-In}$으로 제한했기 때문이다. 코닥이 파산했을 때 수많은 특허들이 사장되어 있었다는 사실은 양방향 협력에 기반한 혁신이 얼마나 중요한 지를 보여주고 있다.

혁신 4.0 : 공동혁신

개방형 혁신 하에서는 점점 많은 사람들이 공식 경로보다는 사회적 기술social technology을 활용하여 크라우드 소싱이나 소셜 네트워크를 활용하여 네트워크상의 다른 이용자들로부터 필요한 정보와 지식을 얻고 있다.

하지만 이러한 방법들은 참여자의 적극적 참여 동기를 지속적으로 유발하는 데는 부족한 경우가 많다. 혁신이 성공하려면 참여자들에게 네트워크 효과에 기반한 적극적인 몰입을 할 수 있는 동기를 유발할 수 있는 경험이나 원인을 제공해주는 것이 중요하다. 개방형 혁신의 결정적인 한계점은 아이디어는 이상적이지만 협력의 대상들이 지속적으로 참여할 수 있는 동기를 마련해주는 데는 근본적인 한계가 있다는 점이다. 구성원들의 지속적이고 적극적인 몰입 없이는 좋은 결과를 기대할 수 없기 때문이다. 이러한 한계를 극복하기 위한 미래 대안으로 등장한

그림 2-8 ┃ **공동혁신**

(협력기업 / 고객 / 외부업자 / 공급업자 / 기업의 혁신 플랫폼 컨버전스 공동 창조 디자인 사고)

것이 공동혁신이다.

　공동혁신은 폭넓은 내부와 외부의 이해관계자들로부터 나온 다양한 아이디어나 방법들이 창조적인 방법으로 적용되어 고객을 포함한 모든 이해당사자들에게 새로운 가치나 경험을 주는 플랫폼을 의미한다.[35] 그러므로 공동혁신의 핵심은 이해당사자들의 몰입, 경험에 기초한 가치, 그리고 경쟁자가 모방하기 힘든 독창적인 가치의 '공동창조Co-creation'다.

　이러한 것들을 이루기 위해서는 아이디어의 융합, 협력적 접근, 이해당사자와의 경험을 공동창조하는 바탕 위에 공동혁신의 플랫폼을 만들어야 한다. 〈그림 2-8〉은 공동혁신의 일반적인 프레임을 잘 보여주고 있다.

제 3 장

혁신생태계,
공동의 가치를 추구하는
가치사슬의 변화

01

META INNOVATION

경쟁주체가 달라졌다

경쟁의 본질이 무엇인지를 손쉽게 알 수 있는 방법은 경쟁을 벌이는 주체가 무엇인지를 살펴보는 것이다. 글로벌 환경의 변화에 따라 경쟁의 주체가 변하고 있기 때문이다. 예를 들어 지금까지 경쟁의 주체는 기업, 가치사슬, 플랫폼, 생태계의 순서로 진화해왔다. 그리고 흥미롭게도 혁신의 주체도 기업, 가치사슬, 플랫폼, 생태계의 순서로 진화해왔다.

이러한 사실은 기업의 전략과 혁신전략은 변화하는 환경에 따라 공동으로 진화해왔음을 보여주고 있다.

단일기업 중심의 경쟁시대

1991년에 경제학자인 로널드 코스^{Ronald H. Coase}는 20세기의 기업들이 될 수 있는 대로 규모를 키우려고 노력했던 현상을 거래비용의 분석을 통해 설명함으로써 1991년 노벨상을 수상했다. 코스의 법칙^{Coase's Law}으로 불리는 그의 아이디어는 '외부 역량을 기업 내부로 흡수하는 비용이 같은 역량을 외부로부터 빌리는 비용과 같아질 때까지 기업들은 외부 역량의 내부화를 통한 규모의 확장을 지속적으로 추구할 것'이라는 이론이었다.

예를 들면 거래비용을 지출하며 공급자에게 부품을 공급받는 것보다 거래비용 없이 직접 내부적으로 생산하는 것이 더 저렴하므로 기업은 될 수 있는 대로 많은 것들을 내부생산해야만 한다는 것이다. 이러한 주장을 한 배경은 그 당시에는 탐색비용 search cost, 계약비용contract cost, 조정비용coordination cost 등의 거래비용이 매우 컸기 때문이었다. 그 결과 자동차 타이어가 필요한 포드Ford가 브라질에서 고무농장을 직접 운영하는 일까지 있었다. 이러한 흐름을 요약해주는 표현이 수직적 통합Vertical Integration이다.

단일기업 중심의 경쟁이 가능했던 또 다른 이유는 고객의 욕구와 변화의 속도에서 찾아볼 수가 있다. 제2차 세계대전 이후의 인구의 증가와 경제 성장으로 인한 소득의 증가는 제품에 대한 수요를 급격하게 키웠고 고객이 제품에 거는 기대가 지금보다 높지 않아 좋은 품질로 제품 본연의 기능만 잘 수행하면 만족했다. 즉 제품 그 자체에 만족하던 시대였다. 게다가 환경의 변화는 지금과는 비교할 수 없을 정도로 느렸다. 그러다 보니 혁명적인 변화보다는 단일기업이 기존의 핵심 역량에 의존하여 점진적으로 제품의 성능을 개선하면 시장에서 지속적으로 성장할 수 있던 시대였다. 그 당시에는 토요타, 소니 등 급진적인 혁신보다는 지속적인 품질 향상으로 승부했던 일본 기업이 성공할 수 있는 시기였다.

가치사슬 중심의 경쟁시대

기술의 비약적 발달로 인해 생산성이 향상되자 기업들이 시장의 수요 이상으로 제품을 생산하는 공급과잉이 일어났다. 공급과잉은 치열한 경쟁으로 귀결되었고 설상가상으로 고객의 욕구 또한 향상되어 좋은 품질은 물론이고 저렴한 가격, 빠른 주문 충족, 고객화된 제품[36] 모두를 요구하게 되었다. 더 좋은 성능의 제품을 더 낮은 가격에 고객 개개인의 취향에 맞춰 생산하여 빠르게 전달하는 능력을 모두 지닌 기업만이 생존할 수 있게 된 것이다.

그래서 등장한 것이 융합의 한 형태인 조직 간의 융합이었다. 서로 다른 조직들이 융합하여 새로운 가치를 만들어내기 시작한 것이다. 과거의 방식이 가치의 생산Value Production이었다면 새로운 방식은 가치의 조직Value Organization이었던 것이다.

가치 조직의 보편화는 단일기업 중심 시대의 산물이었던 수직적 통합의 시대가 지나가고 수직적 해체Vertical Disintegration의 시대가 도래함을 의미한다. 기업의 규모를 축소하며 핵심역량에만 집중하는 시대가 온 것이었다. '코스의 법칙'의 논리적 근거가 되었던 거래비용이 인터넷 기술에 기반한 정보통신기술의 발전에 의해 수직으로 낙하함에 따라 기업들이 거래비용에 대한 부담이 없이 외부의 기업들과 협력할 수 있게 되었다. 그 결과 기업은 전통적인 가치사슬 내에서 자신이 가장 잘할 수 있는 부분에만 집중하고 나머지 부분들은 다른 기업에서 빌려오는 전략이 부상하게 되었다.

이 경우 기업에게 가장 중요한 것은 '어떤 가치사슬에 가입하는가'일 것이다. 경쟁의 본질이 가치사슬 간의 경쟁이기 때문에 조직의 성패는 조직이 속한 가치사슬의 성패에 강한 영향을 받게된 것이다. 브랜드 경영Brand Management에만 집중을 하고 나머지는 아웃소싱을 하는 나이키와 TV 생산 공정 중 조립에만 집중을 하여 미국 중저가 TV 시장을 주도하고 있는 비지오가 좋은 예다.

플랫폼 중심의 경쟁시대

가치사슬 중심의 경쟁시대는 조직 간의 협력을 통하여 부품구매, 제조, 마케팅 판매, 배달 서비스로 이어지는 가치사슬의 순차적 활동의 강화를 통한 경쟁우위의 획득을 의미했다. 혼자서 다하지 않고 다른 기업들과의 협력을 통해 더 나은 가치를 창출한다는 면에서는 진일보한 것이었지만 인터넷 네트워크 시대의 새로운 가치창출 패러다임인 네트워크 외부성Network Externality을 담아내지 못하는 한계에 봉착하게 된다.

네트워크 외부성의 개념은 보통 2가지로 해석될 수 있다.

첫 번째는 사용자 수에 관한 것으로 공동체의 가치는 참여자의 수가 많으면 많을수록 가치가 기하급수적으로 올라간다는 것이다.[37] 예를 들어 세상에서 단 하나뿐인 팩스의 가치는 1이지만, 2대가 되면 4로, 3대가 되면 9로 가치가 올라간다는 것이다. 이 접근법은 가치의 근원이 희소성scarcity에서 풍요성`abundance으로 진화하고 있다는 중요한 현실을 설명해준다. 최근 각광을 받고 있는 빅데이터나 사물인터넷IoT, 공유경제의 가치도 여기에 기인한 것이다. 사실 풍요성이 새로운 가치창출의 근원이 될 것이라는 것을 보여준 전주곡은 오래 전부터 '표준화 전쟁'이라는 모습으로 존재했다.

토머스 에디슨Thomas Edison의 직류와 니콜라스 테슬라Nikolas Tesla의 교류 간의 표준전쟁, 비디오테이프 시장에서 소니의 베타Beta와 파나소닉의 VHS 간의 표준전쟁, 최근 블루레이Blue Ray 진영의 승리로 결말이 난 도시바 중심의 HD DVD 진영과 소니 중심의 블루레이 진영 간의 표준 전쟁이 좋은 예들이다. 한국의 와이브로WiBro와 미국의 와이맥스WiMax 간의 모바일 인터넷 기술의 주도권 경쟁과 같이 통신기술의 표준화 경쟁은 아직도 뜨겁다.

두 번째는 제품의 특성에 관한 것으로 제품 그 자체로는 가치가 없지만 보완재의 수가 많아질수록 제품의 가치가 급증하는 현상이다. 보완재의 숫자가 많으면 많을수록 제품의 가치가 올라가서 더 많은 고객을 얻게 된다는 것이다. 스마트폰 시장에서 애플의 강세는 제품 그 자체보다는 보완재 시장의 강세로 설명할 수 있다. 초기에는 월등하게 많은 앱을 가지고 있던 앱스토어가 큰 역할을 했다. 그리고 지금까지 애플의 제품이 유독 미국에서 글로벌 시장 점유율을 훨씬 뛰어넘은 시장점유율로 초강세를 보이는 가장 중요한 원인 중 하나는 경쟁사와는 비교할 수 없을 정도로 많고 창의적인 액세서리 제품들에 있다. 하지만 미국에서 삼성전자 제품의 액세서리를 찾는 것은 아직도 쉽지 않다.

이런 2가지 이유로 플랫폼 중심의 경쟁이 대두했는데 플랫폼 중심의 경쟁은 플랫폼의 핵심역량을 지닌 주도적 기업과 역량을 뒷받침해주거나 활용하여 더 나은 가치를 만들어주는 보완재 기업 간의 역동적인 협력을 기반으로 한다.

예를 들어 마이크로소프트 윈도우라는 개인용 컴퓨터PC 운영체계를 중심으로 수많은 소프트웨어가 개발되어 자연스럽게 플랫폼 형태로 진화하게 되었다. 플랫폼의 리더와 보완재 생산자의 관계는 종종 뒤바뀌기도 하는데 IBM PC에 마이크로프로세서를 공급하던 인텔과 운영체계를 공급하던 마이크로소프트가 결국 막강하고 독자적인 플랫폼으로 성장한 것이 좋은 예다. 과거 마이크로소프트가 넷스케이프 내비게이터Netscape Navigator라는 웹브라우저를 의도적으로 고사시키는 전략을 선택한 이유는 보완재인 웹브라우저가 플랫폼의 핵심 리더로 성장할 가능성을 사전에 차단하고자 한 것이다.

최근 운영체제OS를 내재한 웹브라우저인 구글 크롬의 대두는 이와 같은 해석을 강하게 뒷받침하고 있다. 크롬의 대두는 OS를 중심으로 개발되어온 PC나 스마트폰의 애플리케이션들이 브라우저를 중심으로 개발되는 지각변동을 가져올 수 있기에 결코 간과할 수 없는 현상이다. 지금까지가 운영체계인 OS와 함께 결합한 기기 중심의 애플리케이션 시대였다면 앞으로는 크롬의 선전 여하에 따라 브라우저 중심의 애플리케이션 시대가 도래할 수도 있다는 것이다.

즉 사용 중인 스마트폰 기기의 종류에 따라 앱스토어를 찾는 것이 아니라 웹브라우저에 따라 앱스토어를 찾는 시대가 올 수 있다는 것이다. 물론 소비자에는 매우 바람직한 변화가 될 것이다. 운영체계가 다른 기기를 바꿀 때마다 앱을 다시 구매하고 설치하는 번거로움과 비용이 사라지기 때문이다.

플랫폼은 환경에 따라 다양한 형태로 존재할 수 있는데 케빈 보드르와 카림 라카니Kevin Boudreau and Karim Lakhani38는 개방형 혁신 플랫폼에 초점을 두고 개방의 정도와 방법에 따라 다음의 3가지 혁신 플랫폼을 제시했다.

통합형 플랫폼 모델

통합형 플랫폼 모델Integrated Platform Model은 플랫폼 소유자가 외부 개발자(혁신자)와 고객 사이에 위치해 개발자가 개발한 제품을 직접 판매하는 방식이다. 애플의 앱스토어가 좋은 예다. 애플이 개발자와 고객 사이에 위치해 양자 사이의 거래를 통제한다. 이 모델의 특징은 플랫폼 소유자가 높은 수준의 통제권을 행사하는 것이다. 앱을 앱스토어에 등록하려면 반드시 애플의 사전 심사를 받아야 한다.

제품 플랫폼 모델

제품 플랫폼 모델Product Platform Model은 외부의 개발자가 플랫폼 소유자의 기술을 활용해 제품을 개발한 뒤 직접 고객에게 판매하는 모델이다. 고어텍스가 좋은 예다. 고어텍스는 핵심 기술과 사용규칙을 제공하고, 외부 기업들이 이를 활용해 옷과 신발, 의료기기를 만든다. 핵심기술 제공자는 계약이라는 형식으로 외부 개발자를 통제하고 기술 제공에 대한 특허료를 받는다. 이 모델의 특징은 플랫폼 소유자의 통제권이 상대적으로 약하며 개발자에게 더 많은 재량권이 주어진다. 예를 들어 개발자가 플랫폼 소유자의 핵심 기술에 기반해 개발된 응용 기술에 대한 권한도 가지게 된다. '인텔 인사이드Intel Inside' 정책도 유사한 예다.

양면형 플랫폼 모델

양면형 플랫폼 모델Two-sided Platform Model은 외부의 개발자와 소비자들이 특정 플랫폼 환경 하에서 활동한다는 조건 하에서 언제든지 자유롭게 직접 거래하는 모델이다. 플랫폼의 역할은 개발자와 고객 간에 교류와 거래를 촉진하는 것이다. 외부 개발자는 플랫폼 소유자와 상의하지 않고도 새로운 제품의 디자인, 개발, 제조할 수 있는 강한 권한을 가지게 된다.

그러나 플랫폼 소유자는 규칙이나 규제라는 형식으로 개발자에 대한 일정 수준의 통제권을 유지할 수가 있다. 페이스북이 좋은 예다.

생태계 중심의 경쟁 시대

플랫폼에 기반한 경쟁전략은 핵심제품이나 서비스를 중심에 두고 보조적 제품이나 서비스를 추가함으로서 고객에게 더 나은 가치를 제공하여 고객만족도를 올리려는 전략을 의미하는 CBP Customer Benefit Package 등의 형태로 나타나며 고객들에게 보다 많은 가치를 제공했다. 어린이에게 핵심 서비스인 진료를 제공하면서 의사가 직접 어린이에게 아름다운 노래를 불러주고 진료 후 장난감을 선물로 주는 치과의사, 차량을 수리하는 동안 커피와 도넛을 대접하고 근처의 낚시터에서 낚시를 하게 해주는 자동차 수리소 등이 그 예들이다.

하지만 플랫폼 전략은 다음과 같은 한계점이 있었다.

첫째, 협력의 대상이 주로 플랫폼 주도 기업이 선택한 기업들로 한정이 된다. 플랫폼의 개방 정도에 따라 약간의 차이는 있지만 애플이나 삼성과 같은 플랫폼 주도기업이 플랫폼 보조기업에 미치는 영향력은 매우 막강하고 아직도 구매자와 공급업자 간의 수직적 관계에 의지하고 있다.

둘째, 협력의 범위가 대부분의 경우 단일시장이나 산업으로 제한되어 있다. 기존 PC 산업에만 초점을 둔 운영체계 개발자와 애플리케이션 개발자의 관계에 초점을 두다가 시장에서의 영향력이 현저히 줄고 있는 마이크로소프트가 대표적인 예다. 이러한 접근으로는 산업을 가로지르는 융합을 통해 새로운 가치를 만들어줄 것을 기대하는 고객의 욕구를 충족시키는 데 많은 한계가 있다.

셋째, 플랫폼의 혁신역량을 극대화하기 위해서는 조직 간의 협력뿐 아니라 고객으로 대표되는 군중과의 협력을 통한 공동창조가 중요한데 기존의 플랫폼들은 이 부분들을 간과하고 있다. 고객의 의견을 존중한다는 선언적인 접근보다는 실질적으로 고객을 기업의 활동에 참여시키는 것이 중요한데 플랫폼 전략은 이 부분에서 한계를 보이고 있다.

넷째, 협력의 방향이 역량을 빌리는 것에 제한되어 있다. 2012년에 코닥은 파산상태에서 벗어나기 위해 필요한 약 9,000억 원의 자금을 마련하기 위해 지니고 있던 1,100개의 특허를 한화로 약 5,500억 원에 인텔렉처 벤처Intellectual Venture에 판매했다. 만약 코닥이 1,100개의 특허를 회사가 어려움에 처하기 전에 필요한 기업에 빌려주고 이익을 공유했더라면 회사의 운명이 바뀌었을지도 모른다. 즉 밖에서 안으로Outside-In뿐만이 아니라 안에서 밖으로Inside-Out도 필요한 것이다. CDMA의 원천기술을 개발한 후 상용화를 한국에 의뢰하여 성공시킴으로서 3세대 이동통신 휴대전화 제조업체에서 기계값의 3% 정도를 특허료로 받아온 퀄컴Qualcomm이 인사이드 아웃Inside Out 전략으로 기업의 운명을 바꾼 좋은 예다.

요약하자면 플랫폼 전략의 한계를 극복하기 위해서는 폭넓은 협력 대상들과 수평적 관계 하에 산업을 가로지르는 창조적 융합을 통해 새로운 가치를 만들어내는 전략이 필요하게 되었다. 그래서 기존의 플랫폼 전략을 넘어서는 새로운 전략으로 대두된 것이 생태계다.

생태계는 다음의 4가지 측면에서 기존의 플랫폼과 구별될 수 있다.

첫째, 참여자의 폭이 넓다. 기존의 기업 간의 협력뿐만이 아니라 고객, 지역사회구성원, 정부, 경쟁자 등 다양한 이해관계자들을 포함하고 있어야 한다. 최근 공유가치창출CSV의 대두가 보여주듯이 이제 기업은 선언적인 기업의 사회적 책임CSR를 넘어서 지역사회와 함께 공동의 목표를 같이 추구해야 지속가능

그림 3-1 ▌ 선풍적인 인기를 끌고 있는 레고

* 출처 : www.Lego.com

성을 올릴 수가 있는데 이를 위해서는 필수적으로 지역사회를 구성하는 다양한 구성원들을 모두 포괄하는 생태계의 구축이 중요하다. 이러한 추세는 사회적 혁신Social Innovation의 대두로도 설명이 되고 있다.

둘째, 산업을 가로지른다. 얼마 전까지 대두되었던 고객들의 새로운 욕구는 제품을 넘어 가치 있는 경험을 얻는 것이었다. 물론 제품이 중요하지 않다는 의미가 아니고 제품이 좋은 것은 당연한 것이고 제품에서 의미 있는 경험까지 얻고 싶은 것이었다. 최근 어른들 사이에서 일어나고 있는 레고Lego의 선풍적 인기가 좋은 예다. 레고 자체보다는 레고를 조립하는 동안 시름을 잊고 동심의 세계에 빠질 수 있는 경험이 레고의 선풍적인 인기의 원천이라고 할 수 있다.

그런데 최근에 일어나고 있는 주목할 만한 변화 중 하나는 '고객의 라이프스타일을 구성하는 경험들을 포괄하는 단일 생태계'에 대한 필요성의 대두다. 지금까지는 고객들이 자신의 라이프스타일을 구성하는 각기 다른 경험에 맞는 제품과 서비스를 다양한 기업에서 구매했다. 하지만 생태계의 대두는 구글과 같은 단일 생태계가 고객의 라이프사이클의 거의 모든 부분들을 포괄하며 도와줄 수 있음을 보여주고 있다.

그리고 고객의 입장에서는 여러 생태계에서 이것저것 경험하는 것보다는 단일 생태계에 의지하며 단일 생태계에서 나오는 다양한 제품과 서비스 간의 시너지를 즐기는 것이 훨씬 유익할 수밖에 없다. 구글이 검색 엔진, 컴퓨터 운영체계를 넘어 우리 삶에 편의성을 주는 수많은 애플리케이션을 제공하는 것은 물론이고 구글의 무인자동차Self-Driving Car까지 시도하는 것은 지극히 생태계적 전략이라고 할 수 있다. 최근 결제서비스까지 진출한 애플의 경우도 같은 맥락에서 충분히 설명할 수 있다.

셋째, 생태계 중심 기업과 참여기업 간의 공동진화를 추구한다. 공동진화는 자연 생태계를 설명하는 주요 특징 중의 하나다. 자연 생태계와 마찬가지로 산업생태계가 형성되어 지속적으로 성장하기 위해서는 구성원들의 공동진화가 필수적이다. 구성원들은 도외시하고 생태계 중심 기업만의 이득을 취하는 생태계는 멀지 않은 장래에 구성원들이 떠나거나 고사할 수밖에 없기 때문이다. 그러므로 생태계 중심 기업은 생태계의 지속적인 발전을 위해 구성원들과 함께 성장하는 전략을 고심하는 것이 중요하다. 모든 구성원들이 공동진화하는 생태계는 새로운 구성원들을 지속적으로 얻을 수 있고 이는 생태계의 전체적인 경쟁력을 지속적으로 향상시킬 수밖에 없는 것이다.

마지막 특징은 개방성이다. 생태계 주도자를 중심으로 닫혀 있는 생태계는 고사할 수밖에 없다. 경영학의 주변부 중심 전략Edge Centric Strategy이나 유명한 카오스 이론이 설명하듯이 생태계의 가치를 획기적으로 향상시키거나 죽어가는 생태계를 살릴 혁신적인 아이디어는 생태계의 중심이 아닌 가장자리에서 생겨날 확률이 높다. 가장자리는 외부의 변화를 경험하고 변화에 기반한 혁신적 아이디어를 만들어낼 수 있는 조건을 가지고 있기 때문이다.

역사를 봐도 중국의 왕조를 무너트리고 새로운 왕조를 일으킨 세력은 원나라와 청나라의 예처럼 중심이 아닌 지방 세력인 경우가 많았다. 열린 생태계는 외부의 흐름을 잘 읽고 받아들임으로서 스스로 변화하고 진화할 수 있는 힘을 가지게 된다. 반면 닫힌 생태계는 자기도취에 빠져 서서히 무너져갈 수밖에 없는 운명을 지니고 있다.

이상에서 살펴본 것과 같이 공동혁신생태계의 등장배경은 생산자 중심에서 고객 중심으로, 고객 중심에서 생태계 중심으로 진화한 가치창출전략 패러다임의 변화로 설명할 수 있다.

흥미롭게도 창조경제의 주창자로 유명한 존 호킨스John Howkins도 2013년에 출간한 《창조경제The Creative Economy》의 개정판[39]과 《창조적 생태Creative Ecologies》에서 자신이 주장한 창조경제에서 생태계ecosystem로의 패러다임의 전환과 그에 따른 전략의 재정비의 필요성을 강조했다.[40] 그는 창조적 생태계를 참여자들이 충분한 자원을 가지고 활발히 교류하며 새로운 아이디어를 만들어내는 장소로 정의했다. 그는 창조적 생태계의 척도로 변화change, 다양성diversity, 학습learning, 적응adaptation을 제시했다.

즉 조직의 핵심역량과 여러 외부적 환경 등을 고려하여 다양한 조직 및 개인들과 역동적인 협력을 하며 새로운 아이디어와 제품을 만들어내며 환경의 변화에 따라 유연하게 생태계를 재구성할 수 있는 능력이 중요해졌다는 것을 함축하는 것이다. 즉 다양한 구성원들이 역동적으로 협력할 수 있는 생태계를 강조했다. 이러한 호킨스의 최근 주장은 이 책의 주제인 공동혁신생태계의 중요성을 매우 잘 설명해주고 있다.

02

혁신생태계란 무엇인가

생태계와 혁신생태계

생태계란 1935년 영국의 식물생태학자인 아서 텐슬리Arthur Tansley가 처음 제창한 용어다.[41] 사전적 정의로는 '유기물의 공동체와 그를 둘러싼 환경의 복합체인 생태학적 단위'로 정의하고 있다.[42] 즉 생물과 환경이 서로 영향을 주고받으며 계를 이루고 있는 것을 의미한다. 이러한 개념은 이해관계자들 간의 유기적인 관계와 경쟁 환경이 사업의 성패에 중요한 역할을 하는 경제와 경영에도 잘 적용이 된다.

제임스 무어James Moore[43]는 저서인 《경쟁의 종말The Death of Competition》에서 비즈니스 생태계를 '조직과 개인들 간의 교류를 바탕으로 지탱되는 경제적 공동체, 즉 사업세계의 유기체'로 정의했다. 비즈니스 환경에서는 생물학적 생태계에서 종족들이 그러듯이 기업들은 틈새를 차지하려 하고 생태계의 다양한 구성원들은 공동으로 진화하며 스스로 환경에 적응한다고 봤다.

혁신생태계에 대한 기존 문헌의 흐름은 다음과 같이 정리될 수 있다. 앤디 프랫Andy Pratt[44]은 창조적인 개인들과 기업, 관련된 서비스, 교육, 훈련, 그리고 관객(고객) 간의 상호연결성이라는 쉽게 드러나지 않는 비공식적인 요인을 생태계의 특성으로 주목했다. 앨런 스콧Allen Scott[45]은 '창조적 장Creative Field'이라는 명칭으로 혁신생태계를 묘사했다. 그는 창조적 장을 창조경제를 떠받치는 존재로 제시하며 노동자, 기업, 기관, 인프라, 소통경로 등이 물리적인 거리를 초월하여 연결된 집합체로 묘사했다. 그는 집합체가 수확체증효과increasing return effect, 외부효과externalities, 부수효과spill over, 사회화 과정socialization process, 전통의 진화 등이 포함된 시너지를 일으키는 상호작용으로 가득 차 있음은 물론이고 심오한 학습과정과 지식의 축적이 일어나는 장소라고 정의했다.

데버러 잭슨Deborah Jackson[46]은 혁신생태계가 기술적 개발과 혁신을 목적으로 하는 구성원들의 경제적 역동성에 의해 촉진된다고 주장하며 기초 연구를 담당하는 지식경제와 시장이 주도하는 상업경제 간의 독립적이면서도 느슨한 연대가 혁신생태계를 구성한다고 봤다. 에르코 아우티오Erkko Autio와 루엘린 토머스Llewellyn Thomas[47]는 혁신생태계를 '협력, 신뢰, 가치의 공동창조, 함께 공유할 수 있는 보완재를 기반으로 만들어진 복잡하고 상호 연계된 관계를 가진 역동적이고 목적달성을 위한 공동체'로 정의했다. 메리 앤 고블Mary Ann Gobble[48]은 국가적 혁신생태계의 개념을 소개하며 기업, 대학, 창업가, 고객, 심지어 규제 단체, 지방정부 등을 역동적이고 혁신에 기반을 둔 경제를 만드는 혁신생태계의 주역으로 제시했다. 갤럽의 회장인 짐 클리프턴Jim Clifton[49]도 그의 저서인 《직업 전쟁Job War》에서 이러한 생태계를 혁신을 일으키고 직업을 창출하는 주역으로 제시하기도 했다. 애나 롤러Anna Lawlor[50]는 혁신생태계를 특정한 지역에서 창업가들에게 힘을 주고 혁신이 지속적으로 일어나게 하는 요인들의 집합으로 정의하고 지역에 특화된 지원 시스템을 마련하는 것을 정책 입안자들과 사업가들의 역할로 제시했다.

이와 같은 혁신생태계에 관한 기존 문헌들을 보면 혁신생태계의 특징들이 이 책에서 제시한 공동혁신의 주요 특징들인 가치의 공동창조, 협력, 창의적 접근 등과 매우 유사함을 알 수 있다.

그리고 한 가지 주목할 점은 최근 들어 '혁신'을 불러일으키는 것을 생태계의 중요한 역할로 점점 더 강조하고 있다는 것이다.

비즈니스나 혁신생태계와 유사한 의미로 2000년 초반부터 자주 사용된 용어는 네트워크, 비즈니스 웹Business Web, 가치 네트워크Value Network, 클러스터Cluster 등의 용어다. 지금도 이 용어들은 별다른 기준이 없이 생태계와 혼용이 되고 있기도 하다. 하지만 다음의 2가지 측면에서 기존의 용어와 생태계는 확연히 구분이 된다.

첫째, 기존의 용어가 주로 연결된 상태를 가리키는 정적인 의미였다면 생태계는 역동적인 교류를 의미한다. 즉 사람들이 만나고 대화하고 신뢰하고 공유하고 협력하고 경험하고 함께 가치창출을 하며 성장하는 것에 초점을 둔다. 예를 들어 생태계가 번창함은 생태계 안의 구성원들이 아이디어나 재능이나 자본을 활발하게 전할 수 있는 행동의 유형 또는 문화를 개발했다는 것을 의미한다.[51]

둘째, 생태계는 상대적으로 협력과 상생의 문화를 중요하게 생각한다. 즉 자아를 의미하는 에고ego보다 단일체로서 생태eco를 더 중요하게 생각한다. 즉 소수가 가치의 대부분을 창출하고 독점하는 승자독식의 사회보다는 함께 협력하여 가치를 창출하여 공동체 전체의 가치를 올리는 것에 더 큰 가치를 둔다. 이러한 추세는 2008년에 신자유주의 주도의 경제가 가져온 금융위기와 그 이후 무형재의 번성으로 인하여 중요성이 강조되기 시작한 아이디어 집약적 가치창출의 영향이 크다고 할 수 있다.[52]

이상과 같은 내용을 종합해보면 혁신생태계의 개념은 초기의 연결단계에서 시작하여 정보통신기술을 기반으로 좀더 긴밀하고 역동적인 협력을 통해 공동의 가치를 달성함으로써 상생을 하는 개념으로 진화하고 있음을 알 수 있다.

혁신생태계의 분류

혁신생태계는 범위와 관점에 따라 다양하게 분류할 수 있는데 로사베스 칸터Rosabeth Kanter[53]는 중심축에 따라 혁신생태계를 아래와 같이 3가지로 분류했다.

첫째, 아이디어 중심 생태계Thinker Ecosystem다. 텍사스 주의 오스틴, 캘리포니아 주의 실리콘밸리, 매사추세츠 주의 보스턴 지역 등과 같이 기업들이 새로운 아이디어에 이끌려간 경우다. 좋은 아이디어가 값진 시대이기 때문이다.

둘째, 제조자 생태계Maker Ecosystem다. 사우스캐롤라이나의 스파텐버그 그린스빌Spartanburg-Greensville의 경우처럼 섬유설비의 제조나 자동차 제조업체를 중심으로 생태계가 형성된 경우다. 최근 이 지역은 자동차 타이어 생산을 주도하고 있다.

셋째, 거래자 생태계Trader Ecosystem다. 플로리다 주의 마이애미 등과 같이 물류와 금융 산업을 중심으로 생태계가 형성된 경우다. 이 3가지 모두에게 공통적으로 적용되는 중요한 점은 생태계 주도자들이 지역 고유의 테마를 만들고 많은 기업들이 그 주제를 뒷받침하려 노력했다는 것이다.

혁신생태계의 다른 예는 기술적 플랫폼을 중심으로 형성된 경우다. 애플, 구글, 유튜브 등이 그 좋은 예인데 이들의 공통점은 경쟁이 아닌 파트너와의 협력을 통해 혁신생태계를 보다 가치 있게 만든다는 점이다. 즉 혁신을 위한 협력관계를 통해 고객, 공급업자 등의 생태계 구성원들을 보다 부유하고 현명하고 신속하고 혁신적이고 창조적으로 만들어주려 노력한다.

이러한 예는 초기의 플랫폼이 생태계로 진화한 대표적인 예이기도 하다. 외국의 사례들은 상생보다는 갑을 관계로 상징되는 우리나라의 기업문화에 많은 시사점을 준다. 즉 혁신생태계가 성공하기 위해서는 우리 사회의 문화, 즉 사고의 틀 자체도 수평적인 협력 위주의 상생의 문화로 변화해야 함을 강하게 시사하고 있다.

제4장

공동혁신,
협력을 통해
새로운 가치를 창출하라

01

META INNOVATION

공동혁신이란 무엇인가

이 책의 주제이기도 한 공동혁신의 목표는 고객, 공급업자, 구매업자, 정부, 협력업체, 지역사회, 시민 등을 아우르는 폭넓고 다양한 이해당사자 간의 유기적인 협력을 통해 새로운 가치를 창출하는 것이다. 이를 위해서는 '협력을 통한 가치창출'을 수행할 수 있는 기업 능력을 의미하는 공동혁신 역량Co-innovation Competency이 중요하다. 그리고 공동혁신 역량의 핵심은 이해당사자들 간의 긴밀한 협력에 기반한 혁신을 의미하는 협력적 혁신Collaborative Innovation이다. 최근에 중요성이 대두되고 있는 사회적 자본Social Capital54, 공유가치창출CSV55도 비슷한 맥락에서 설명할 수 있다.

협력적 혁신은 ① 구성원들이 지식을 공유하여 새로운 아이디어를 개발하고 ② 새로운 아이디어들을 제품화하는 과정에서 핵심역할을 한다. 그러므로 어떻게 하면 공동혁신 역량을 개발하여 이해당사자들이 함께 몰입할 수 있는 공동의 목표를 세우고 목표 달성을 위해 협력할 수 있게 하느냐가 중요하다.

공동혁신이 대두한 이유는 ① 힘으로 상징되는 리더십의 창출방식과 ② 제품과 서비스의 가치를 만들어내는 방식에서 근본적으로 패러다임이 달라졌기 때문이다.

02

새로운 리더십이 필요하다

최근 제러미 하이먼스Jeremy Heimans와 헨리 팀스Henry Timms56는 증가하는 정치적 시위, 대의제도와 정부의 위기, 기존 산업을 무너뜨리는 새로운 사업의 등장 등을 주목하며 기업들이 리더십57을 획득하고 전달하는 과정과, 미래의 리더십 등의 측면에서 리더십의 본질이 어떻게 변화하고 있는지를 설명했다.

그들은 리더십을 '원하는 효과를 만들어내는 능력'으로 정의하고 과거의 리더십은 마치 통화currency와 같아서 힘 있는 소수의 사람들이 보유한 채 철저히 지켜져서 폐쇄적이며 접근이 어렵고 위에서 아래로 내려오며 지도자가 이끌고 가는 것이라 봤다. 반면 미래의 리더십은 마치 기류current와 같아서 다양한 개체에 의해 생성되며 개방적이며 참여적이고 동료들에 의해 주도되며 아래에서 위로 흐르며 물과 전기와 같이 전달되며 동시에 몰려들 때 가장 강력한 힘을 가지며, 지키는 것이 목적이 아니라 전달하는 것이 목적이라고 했다.

그들은 기업들의 위치를 새로운 리더십 모델New Power Models과 리더십의 근원적 가치Power Value라는 2가지 차원에서 설명했다. 흥미롭게도 이 두 차원을 뒷받침하는 아이디어들은 공동의 목표 또는 공유가치에 기반한 협력을 통해 혁신적 가치를 창출하고자 하는 공동혁신의 패러다임과 밀접한 관련을 보이고 있다.

새로운 리더십 모델이 소비, 공유, 형성, 투자, 생산, 공동소유의 단계로 진화해온 것을 고찰하면서 여러 이해당사자들의 참여 수준의 향상을 새로운 리더십의 방향으로 제시했다. 각각의 단계의 의미는 다음과 같다.

- 1단계 소비consuming : 수동적 입장에서 기업이 내놓은 제품과 서비스를 소비만 하는 전통적인 고객의 역할을 의미한다.
- 2단계 공유sharing : 페이스북이나 블로그 등 온라인상의 다양한 채널을 활용하여 고객들의 아이디어를 공유하는 것을 말

표 4-1 ┃ 리더십의 변화

과거의 힘을 설명하는 가치	새로운 힘을 설명하는 가치
• 관리–통제주의, 제도주의, 대의주의적 통치	• 비공식, 선별적 의사결정, 자기조직화, 네트워크에 기반한 통치
• 독점, 경쟁, 권위, 자원의 통합	• 개방형 협력, 군중의 지식, 공유
• 신중함, 비밀주의, 공적 영역과 민간 영역의 분리	• 철저한 투명성
• 전문성, 특수성	• 스스로 하기(Do It Yourselves)
• 장기적인 관계와 충성심, 부분적인 참여	• 단기적, 조건적 관계, 전체적인 참여

한다.

- 3단계 형성sharing : 공유된 기존의 아이디어를 융합하고 재구성하여 고객과 함께 새로운 가치를 만들어내는 것을 말한다.

- 4단계 투자funding : 크라우드 펀딩 등을 통해 아이디어에 대한 금전적인 투자에 적극적으로 참여하는 것을 말한다.

- 5단계 생산producing : 생산자Producer와 소비자Consumer를 합친 용어인 프로슈머Prosumer의 예처럼 소비자가 소비는 물론이고 제품이나 서비스의 생산까지 참여하는 것을 의미한다. 유튜브, 에어비앤비가 좋은 예다.

- 6단계 공동소유co-owning : 위키피디아나 오픈 소스 소프트웨어처럼 사용자들이 공동의 소유권을 지니는 것을 의미한다.

다른 한 축은 리더십의 근원이 되는 가치다. 그들은 과거의 가치와 새로운 가치를 〈표 4-1〉과 같이 정리했다. 과거의 리더십은 공조직에 기반한 경영, 경쟁, 권위, 기밀유지, 전문성, 장기적 관계와 높은 충성도, 위에서 아래로의 소통 등의 가치를 선호했다. 반면에 새로운 리더십은 비공식조직, 네트워크에 기반한 경영과 의사결정, 개방과 협력, 극단적 투명성, 참신성, 필요에 따른 역동적인 관계설정과 해지, 아래서 위로의 소통 등의 가치를 추구한다.

그들은 리더십 모델과 리더십의 근원이 되는 가치의 유형을 기준으로 〈그림 4-1〉과 같이 기업의 위치를 분석했다.

〈그림 4-1〉 같이 리더십 모델과 리더십 가치에 따라 기업들을 성Castle. 城, 연결자Connector, 치어리더Cheer Leader, 군중Crowd으로 분류하고 이중에서 가장 순수하게 새로운 리더십을 발휘하는 집단으로 군중을 꼽았다.

예를 들어 애플은 폐쇄적이면서 탑다운Top Down 방식의 의사결정에 의존하기 때문에 성으로 분류했고 페이스북은 높은 수준의 참여에 기반하고는 있지만 종종 공동체의 가치에 반하는 일방적 의사결정을 하기 때문에 연결자로 분류되었다. 반면에 사이드카Sidecar 같은 공유경제 모델과 구글 등은 새로운 리더십에 전적으로 의존하는 군중 집단으로 분류되었다. 주목해야 할 점은 우리

그림 4-1 ▌ 새로운 힘

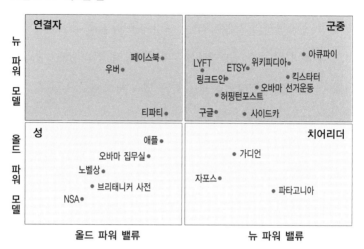

가 공동혁신 기업으로 분류하고자 하는 기업들 대부분이 이상적인 군중 집단으로 분류되었다는 것이다. 소셜 네트워크와 빅데이터의 활용을 통하여 선거운동 방식의 혁명적 전환을 일으켰던 오바마 선거 캠프도 물론 군중으로 분석이 되었다. 이 같은 사실은 공동혁신의 등장 배경에는 새로운 리더십(힘의 근원)의 등장이 있음을 보여주고 있다.

결론적으로 그들의 연구는 비록 공동혁신이라는 용어를 직접 사용하지는 않았지만 두 축 중의 하나인 '리더십 모델'에서는 공동혁신의 핵심가치 중의 하나인 '이해당사자들의 참여'를 모델의 새로움을 측정하는 도구로 삼았다. 그리고 다른 한 축인

'리더십의 근원 가치'에서는 개방, 참여, 협력, 투명함, 수평적 협력 등 공동혁신의 기본이 되는 여러 패러다임을 강조했다. 이러한 분석과 주장은 공동혁신이 미래지향적 리더십의 개발을 위해 꼭 필요한 패러다임을 공유하고 있음을 보여주고 있다.

시대가 원하는 가치가 달라졌다

공동혁신 패러다임은 기업 중심, 고객 중심, 생태계 중심이라는 3가지의 가치창출 패러다임을 거치며 진화해왔다.

생산자 중심의 가치창출

전통적으로 기업들은 효율성에 초점을 두고 비용을 최소화하려고 노력했다. 프레더릭 테일러Frederick Taylor의 과학적 기법에 근원한 패러다임이 최근까지도 상당한 영향을 줬다. 업무 재설계,

적시생산, 총체적 품질관리, 벤치마킹 등의 경영도구가 가지는 공통된 역할 가운데 하나는 운영효율성의 향상을 통해 저렴한 가격에 높은 품질의 제품을 생산하는 데 많은 기여를 했다는 점이다. 이를 조금 다른 관점에서 접근하면 강점을 개발하기 위해 노력하기보다는 약점을 지속적으로 보강하는 소극적 접근방식이라고 할 수 있다. 이러한 전통적인 기업들의 수동적 접근방식에 대한 능동적 대안으로 등장한 것이 네브래스카대학교의 프레드 루선스Fred Luthans 교수가 주창한 긍정조직심리POB : Positive Organizational Behavior[58, 59]다.

효율성에 근거한 전략의 밑바탕에는 제품을 만들어내는 기업이 고객에게 전달되는 가치를 전적으로 결정할 수 있다는 기업 중심의 사고방식이 자리 잡고 있었다. 즉 기업이 능동적으로 제품의 가치를 결정하면 소비자는 수동적으로 받아들일 수밖에 없다는 사고방식이었다.

고객 중심의 가치창출 : 공동창조

기업을 가치결정의 유일한 주체로 여기는 기업 중심 패러다임은 기업들을 생산과정을 포함한 내부적 디자인과 운영의 효율성에 더욱 집중하게 했다. 하지만 소득이 1만 5,000달러에서 2만 달러 사이가 되면 물질적인 가치를 넘어 비물질적인 가치를 더 추구하게 된다는 롤프 젠슨Rolf Jensen의 연구 결과[60]가 함축적으로 제시하듯이 삶의 수준이 향상되자 고객들은 단순히 뛰어난 제품을 넘어 제품과 서비스의 소비와 관련된 경험의 향상을 원하기 시작했다.[61] 고객들은 과거의 가치인 가격, 품질, 속도, 고객화 등 제품과 관련된 속성들을 넘어 아름다움, 안전, 편안함, 애정, 사랑, 보살핌의 느낌 같은 경험을 제품과 서비스에서 느끼고 싶어한다.[62]

최근에 국내총생산을 대체한 지수로 대두되고 있는 국민총행복GNH도 이러한 추세를 잘 대변하고 있다. 즉 게임기에서 얻는 경험의 본질을 부정적인 것에서 '운동'이라는 긍정적인 것으로 일거에 바꿔버린 닌텐도 위Wii의 경우처럼 발달된 기술, 특히 정보통신기술은 고객의 경험의 본질을 송두리째 바꾸고 있다.[63]

이러한 흐름의 핵심 패러다임은 제품의 가치는 생산자가 아닌 소비자가 결정한다는 점이다. 사실 과거 많은 연구들이 제품 중심의 접근방식에서 탈피하여 고객의 경험 중심의 접근방식으로 가치생산의 패러다임을 전환할 것을 주장해왔지만 기업들은 최근에서야 관심을 보이기 시작했다.

그림 4-2 ▮ **그로루스의 사용 시 가치(Value in Use) 모델**

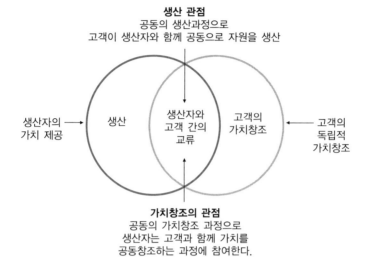

* 출처 : Gronroos, C. 'Value co-creation in service logic : A critical analysis', Marketing Theory, Vol.11 No.3, pp.279–301, 2011.

〈그림 4-2〉는 기업이 만든 제품은 고객이 사용할 때 비로소 진정한 가치가 창출된다는 크리스천 그로루스Christian Gronroos의 이론을 잘 보여주고 있다. 즉 가치는 기업이 아닌 제품을 사용하는 고객의 경험을 기반으로 결정되므로 고객을 생산과정에 적극적으로 참여시키는 공동창조가 중요하다는 것이다.

공동창조 패러다임의 중요성을 잘 보여주는 예 중의 하나는 최근 미국에서 각광받고 있는 빌드 어 베어Build a Bear라는 인형 판매점이다. 빌드 어 베어의 특징은 고객이 인형을 직접 만든다

그림 4-3 ▮ 연말의 미국 텍사스의 빌드 어 베어 워크숍 매장

* 출처 : 저자가 직접 찍은 사진

는 것이다. 먼저 '고르세요 Choose Me' 라는 장소에서 인형의 몸통을 고르고 '입히세요 Wear Me' 라는 곳에서는 인형의 옷을 고른 뒤 '채우세요 Stuff Me' 에서 인형의 속을 직접 솜으로 채운 뒤 연이은 모든 과정을 마치고 '이름을 지으세요 Name Me' 에서 이름은 정하면 마지막으로 자신만의 곰 인형 출생증명서를 발급받는다. 빌드 어 베어가 성공한 주요 원인은 고객이 돈을 지불하고 받는 가치의 대상을 '곰 인형' 에서 '곰 인형을 만드는 경험' 으로 바꿨기 때문이다.

그림 4-4 ┃ 빌드 어 베어 워크숍에서 자신만의 스타워즈 인형을 만드는 모습

* 출처 : 저자가 직접 찍은 사진

    즉 고객에게 자신만의 곰 인형이 탄생하는 과정에 직접 참여
시켜 제품이 아닌 색다른 경험을 파는 것이다. 최근 기업들이
기존의 고객관계관리 ^{CRM}라는 용어 대신 고객경험관리 ^{CEO :}

Customer Experience Management라는 용어를 더 즐겨쓰기 시작한 것도 이러한 추세와 밀접한 관계가 있다.

이러한 가치창출의 새로운 접근 방식이 아이디어에 머물지 않고 실제로 실행이 가능해진 원인은 발달된 정보통신기술을 활용하여 고객과 소통하며 새로운 경험을 만들어낼 수 있는 기회가 기하급수적으로 늘어났기 때문이다. 헨리 체스브로[64] 의 개방형 혁신의 기저에도 이러한 사고방식이 자리 잡고 있다.

생태계 중심의 가치창출 : 공동혁신

공동창조에서 다루고 있는 고객 중심의 가치창출은 마이클 포터의 가치사슬Value Chain, 1985 [65] 에 기반을 두고 있다. 최근에는 이를 뛰어넘는 가치생태계Value Ecosystem 중심의 혁신전략이 등장하고 있다.

가치생태계의 등장 배경은 ① 고객들이 표준화된 제품이나 서비스보다는 복합적이고 통합된 해법을 원하며 ② IT의 범용화로 인하여 중요한 지식들이 과거와 같이 몇몇 조직에 의해 독점되지 않고 전 세계에 걸쳐 고르게 퍼져 있으며 ③ 급변하는 경영환경은 효율성에 초점을 두고 수직적으로 통합된 과거의 조직 간 협력 형태보다는 좀더 유연하고 신속하게 협력의 형태가 상황에 맞게 재조정될 수 있는 시스템을 요구하고 있다는 점 등을 들 수 있다.[66] 즉 과거의 단일산업 내의 순차적 활동의 분석과 향상에 초점을 두었던 가치사슬 중심의 접근으로는 더 이상 고객의 요구를 충분히 충족시킬 수 없게 된 것이다.

가치생태계는 다양한 조직이나 개인들이 생태계에 참여하여 공동의 가치를 함께 정의하고 이루어나가면서 새로운 가치나 효율성을 함께 창출해나가는 조직 간 관계를 의미한다.

가치생태계의 특징은 다음과 같이 정리될 수 있다.

첫째, 가치사슬이 한 가지 산업 하의 단일기업의 가치사슬에 초점을 두었다면 가치생태계는 점점 더 복합적이고 높아지는 고객의 욕구를 충족시키기 위해 다양한 산업에서 다양한 이해관계자들이 참여하여 새로운 공동의 가치를 창출하는 협력의 형태에 초점을 둔다.

둘째, 가치생태계는 정부, 고객, 대학, 잠재적 고객은 물론이고 경쟁자까지 아우르는 모든 이해관계자의 참여와 협력을 기본 전제로 하고 있기 때문에 모두가 나눌 수 있는 공유가치창출에 중점을 두고 있다. 다양한 가치생태계의 참여자가 협력하여 시너지를 창출하려면 협력이 필수적인데 모두가 갈망하는 공동의 가치 없이는 적극적인 협력을 기대할 수가 없기 때문이다. 이러한 추세는 최근 대두되고 있는 협력의 경제[67]와 마이클 포터를 통해 소개되어 많은 반향을 일으킨 공유가치창출과도 일맥상통하고 있다.[68]

셋째, 가치생태계의 성공은 공동의 가치를 달성하기 위한 참여구성원 간의 성공적인 융합을 전제로 한다. 성공적인 융합이란 시너지를 일으키는 융합을 의미한다. 단순히 합치는 것이 아니라 공동의 목표를 함께 달성하기 위해 창의적인 융합을 하는 것이 중요하다.

비록 고객 중심의 가치창출(공동창조)과 생태계 중심의 가치창출(공동혁신) 방식 사이에는 앞에서 언급한 것처럼 확연한 차이가 존재하지만 가치생태계가 대상으로 하고 있는 가장 중요한 참여 주체 중의 하나가 고객이며 고객 중심의 가치창조가 어떻게 하면 고객을 가치사슬 활동에 참여시킬까에 초점을 두고 있다는 점을 고려하면 가치생태계가 고객 중심의 가치창출을 포함하고 있다고 봐도 무방할 것이다.

이와 같은 관점은 혁신전략의 진화를 ① 내부 역량에 전적으로 의존하는 폐쇄적 혁신closed innovation, ② 조직 간의 협력에 초점을 두는 협력적 혁신collaborative innovation, ③ 개인을 포함한 폭넓은 협력의 대상에 초점을 둔 개방형 혁신open innovation, 그리고 ④ 공동창조co-creation을 통한 공유가치창출과 융합을 통한 가치의 실현에 초점을 둔 공동혁신co-innovation 생태계로 정의했던 필자의 주장에 기반을 두고 있다. 그러므로 이 책에서의 공동창조는 이후로는 가치생태계에 바탕을 둔 공동혁신 하에서의 공동창조를 의미한다.

즉 '높아진 고객의 욕구를 충족시키기 위해 다양한 산업에서 다양한 이해관계자들이 참여하여 새로운 공동의 가치를 창출하고 달성해나가는 협력의 형태' 로 정의하도록 한다.

공동혁신생태계의 구조

공동혁신생태계의 구조는 〈그림 4-5〉와 같이 설명될 수 있다.

공동혁신생태계는 다양한 참여자를 기반으로 공동창조, 컨버전스, 디자인 사고Design Thinking를 핵심 프로세스로 하고 있다. 즉 공동창조를 통해 다양한 구성원들이 함께 몰입할 수 있는 공동의 가치를 정의한 후 구성원들 사이의 창조적인 융합을 통해 공동의 목표를 달성해나가는 생태계인 것이다. 공동창조와 융합이라는 핵심 프로세스를 진행하기 위해서는 창의적인 사고와 소통이 필요한데 이를 위해 핵심적인 역할을 수행하고 있는 것이 디자인 사고다. 여기서 가장 중요한 것은 융합의 플랫폼이

그림 4-5 ┃ 공동혁신생태계의 구조

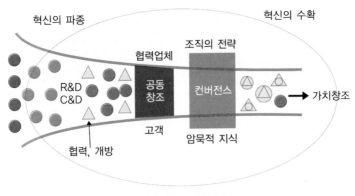

다른 기업이 모방하기 어려운 암묵적 지식[69]에 의존한다는 것이다. 예를 들어 서로 다른 기술, 제품, 인력 등을 융합하는 역량이 암묵지의 형태로 내재되어 있는 경우에는 단기간의 모방이 근본적으로 불가능하기 때문에 지속 가능한 경쟁우위의 원천이 될 수 있는 것이다. 바로 이 지점이 삼성과 애플이 지닌 최고 강점 중의 하나이기도 하다.

공동혁신의 핵심 프로세스인 공동창조, 융합, 디자인 사고와 더불어 공동혁신을 뒷받침하기 위한 중요기반은 기업가정신과 IT다.

혁신과 기업가정신은 다른 개념인 것 같지만 마치 동전의 양면처럼 긴밀하게 연결되어 있다. 기업가정신으로 창업한 새로운 기업이 성공하기 위해서는 혁신을 통한 독창적인 가치의 창조가 필수적이다. 마찬가지로 혁신이 성공하기 위해서는 실패를 두려워하지 않고 위험을 감수하며 도전하는 기업가정신이 꼭 필요하다. 기업가정신과 혁신의 역할에 대해서는 제7장에서 자세히 다루고자 한다.

IT의 역할 또한 중요하다. 혁신과 IT 간의 관계는 2가지 측면에서 생각할 수 있다. 첫째는 IT 그 자체가 혁신의 대상이 되어 발명이나 융합의 과정을 통해 새로운 가치를 지닌 제품과 서비스로 탄생을 하는 경우다. 즉 IT가 혁신의 대상이 되는 것이다. 이러한 접근은 혁신의 주인공이 된다는 점에서는 화려해 보이지만 동시에 IT가 수동적인 대상에 머문다는 제한적인 의미도 담고 있다. 다양한 IT 제품을 결합하여 가치를 만드는 것을 주로 추구하는 IT 융합이라는 개념이 좋은 예다.

두 번째 접근 방법은 IT가 혁신하는 과정 자체를 혁신시키는 것이다.[70] 최근 연구를 보면 발달된 IT에 대한 투자와 활용이 앞서가는 기업과 뒤처지는 기업 간의 성과 차이가 점점 더욱 커지고 있는 것으로 나왔다.

그 이유는 IT에 앞선 기업들이 IT를 활용하여 척도 measurement, 실험experimentation, 공유sharing, 재생산replication으로

이어지는 혁신 프로세스를 혁명적으로 향상시키고 있기 때문이다. 예를 들어 빅데이터의 분석을 통해 얻어진 방대하고 다양한 정보를 평가하는 올바른 척도를 만들어내고 이러한 척도를 활용하여 다양한 실험결과를 평가한 후 결과를 다른 지역과 공유하고 재생산을 통해 전파하는 과정을 IT를 통해 급진적으로 향상시킬 수 있다. 즉 IT가 혁신을 하는 방법에 혁명적 변화를 일으키는 것이다.

이 장에서는 공동혁신의 주요 등장 배경을 기존과 근본적으로 다른 환경에 맞는 리더십 개발을 위한 패러다임의 혁신이라는 관점에서 살펴본 후 고객을 위한 가치창출 방식의 진화 단계를 알아보면서 자연스럽게 공동창조를 포함하는 공동혁신의 개념과 특성들을 살펴봤다. 그리고 마지막으로 공동혁신생태계의 구조를 제시했다.

다음 장들에서는 공동혁신생태계의 핵심을 이루고 있는 컨버전스와 디자인 사고, 기업가정신에 대해 접근하고자 한다.

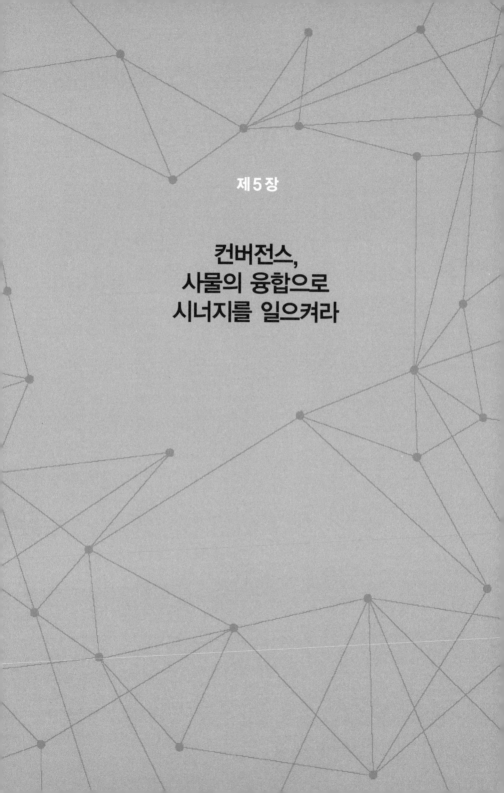

제 5 장

컨버전스,
사물의 융합으로
시너지를 일으켜라

01

ⓂⒺ T A
ⓃⓃⓄ V A T I Oⓝ

컨버전스와 융합은 다르다

컨버전스convergence에 관해 본격적으로 접근하기 전에 우선 논해야 할 것은 컨버전스와 융합fusion의 관계를 명확하게 정의하는 일이다. 컨버전스에 가장 가까운 우리말은 수렴이다. 그럼에도 불구하고 많은 사람들이 수렴과 융합을 마치 같은 단어인 것처럼 혼용하며 사용하고 있다. 많은 연구소와 연구단체들이 영문 표기는 'Convergence'로 하면서도 한글표기는 융합으로 표시하기도 한다. 그러므로 이 장에서는 컨버전스를 논하기 전에 우선 두 단어의 관계를 정의하고자 한다.

결론부터 말하자면 융합은 어떤 점으로의 수렴이 일어나는 과정에서 자연스럽게 일어나는 현상이라고 할 수 있다. 어떤 목표점으로 서로 다른 객체들이 수렴을 하게 되면 그 과정에서 자연스럽게 부딪쳐 융합하게 되는 것이다.

그러므로 수렴과 융합의 관계를 설명하는 데 있어 가장 중요한 것은 수렴의 대상인 목표점이다. 이 목표점은 환경에 따라 변화할 수 있다. 국민으로 구성된 국가는 수렴의 목표점을 국정과제라는 이름으로 제시하여 국민의 공감과 지지를 얻는데 성공하면 지역, 종교, 세대, 정치적 이념 등을 초월한 국민의 협력(융합)을 통해 목표점으로 나아가게 되는 것이다. 마찬가지로 기업의 경우는 기업이 고객에게 주고자 하는 가치를 목표점(수렴점)으로 하여 공급업자, 협력업자, 경쟁업자, 고객, 주주, 정부 등 다양하고 폭넓은 이해당사자들이 협력(융합)을 하게 되는 것이다.

그러므로 기업이 융합을 하기 전에 우선적으로 고려해야 할 것은 융합의 대상과 방법이 아니라 어떤 가치를 고객에게 전달해야 하는지를 결정하는 일이다. 공동의 가치를 달성하기 위한 융합은 퓨전Fusion이라 할 수 있지만 잘못된 가치를 지향하거나 지향하는 가치 자체가 없이 이루어진 융합은 컨퓨전Confusion : 혼란으로 끝날 수도 있다.

과거에는 가치를 정의하는 일이 비교적 수월했다. 시장조사 등의 방법과 데이터 분석을 통해 고객이 원하는 가치를 알아내고 충족시키기 위해 노력하면 되었기 때문이다. 하지만 컴퓨터의 연산능력이 같은 가격에 18개월마다 2배씩 늘어난다는 무어의 법칙Moore's Law에 따라 정보통신기술이 급속히 범용화Commoditization 되어감에 따라 고객의 욕구를 충족하는 것은 누구나 할 수 있는 당연한 일이 되었다.

다시 말해 과거에는 데이터 분석을 통해 고객의 욕구를 알아내는 일이 고객의 주머니를 열기 위한 충분조건Order Winning Criterion이었지만 이제는 구매대상으로 고려되기 위해 기본적으로 갖추어야 하는 필요조건Order Qualifying Criterion이 된 것이다. 그렇다면 새로운 충분조건은 무엇일까? 그것은 고객이 인식하지 못하는 욕구를 찾아내 일깨워주고 충족시켜주는 능력일 것이다.

즉 고객이 원하는 것을 제공하는 것이 아니라 고객이 원해야 하는 것을 알려주고 제공해주는 것이 중요하다. 고객은 기대하지 못한 것을 경험하고 가치 창출에 직접 참여했을 때 감동하고 충성스러운 고객이 되는 것이다. 기존의 기술들을 융합하여 기술적으로는 가능했지만 누구도 생각지 못했던 스마트폰을 개발하여 고객들의 삶의 질과 유형을 근본적으로 바꾼 스티브 잡스가 좋은 예다.

고객의 기대를 넘어서는 가치를 발견하는 일은 지금까지는 주로 인간의 창의성에 기반한 통찰력에 의존해왔다. 가치발견을 위해서 꼭 필요한 것은 문제를 정의하는 능력이다. 문제를 올바르게 정의할 수 있으면 문제를 푸는 일은 기술의 진보로 그다지 어렵지 않은 과제가 되었기 때문이다. 문제를 정의하기 위한 중요한 자질이 융합적 사고와 창의력이기 때문에 최근에는 교육계에서도 학제 간의 융합과 창의력을 요구하는 교육과정 개발에 몰두하고 있다. 특히 최근까지 학생들에게 문제를 정의하는 능력보다는 주어진 문제를 푸는 능력의 개발에 초점을 둔 주입식 교육을 해왔던 한국에게는 시급한 과제이기도 하다.

그런데 이러한 접근법에 한 가지 큰 변수가 생겼는데 그것은 바로 빅데이터 시대의 도래다. 최근에는 일주일에 하나씩 빅데이터 관련 단체가 생긴다고 할 정도로 빅데이터가 각광받고 있다. 부피Volume, 속도Velocity, 다양성Variety의 3Vs로 설명되는 빅데이터는 다양하고 방대한 자료를 빠른 속도로 분석하여 가치 있는 정보를 얻는 도구로 인식이 되고 있다.

이중 부피와 속도는 방대한 자료를 빠르게 처리하기 위해 다수의 컴퓨터를 연결하여 협업하게 해주는 도구인 하둡 분산시스템에 대한 큰 관심으로 설명이 되듯이 주로 하드웨어적인 접근이 필요한 영역이다. 그리고 남은 것이 다양성인데 3가지의 V 중에 우리가 특히 관심을 둬야 할 것은 다양성이라고 할 수 있다.

첫 번째 이유는 지금까지의 발달된 정보 시스템의 전파과정이 증명하듯 하드웨어는 결국 상용화되어 차별성이 없어지게 되어 있다. 한때 수백억을 호가하던 전사적 자원관리 시스템을 무료로 제공하고 있는 텍사스의 컴피어Compiere 사의 크라우드 컴퓨팅cloud computing[71] 기반의 전사적 자원관리 시스템[72]이 좋은 예다. 두 번째 이유는 빅데이터가 인공지능, 머신러닝Machine Learning[73] 등의 아이디어들과 결합하여 시너지를 일으키면 고객의 숨겨진 욕구까지 알아내는 통찰력을 제공할 것으로 기대되고 있기 때문이다.

그리고 통찰력을 제공할 수 있는 가능성을 갖게 된 주요 원인은 정형적인 자료뿐만이 아니라 텍스트마이닝Text mining[74], 소셜 네트워크 분석 등을 통하여 비정형적 자료까지 다룰 수 있는 다양성의 힘에 있다. 지금까지 우리가 관계형 데이터베이스[75] 기반으로 SQL Structured Query Languiage[76]이나 데이터마이닝 Data mining[77] 등의 도구를 통해 다룰 수 있었던 테이블 형태의 정형적인 자료는 전체 데이터의 양을 고려할 때 빙산의 일각에 지나지 않았기 때문에 데이터의 분석을 통해 얻을 수 있는 지식의 양에 한계가 있었다. 하지만 이제는 트위터나 페이스북 같은 소셜 네트워크 서비스, 사물인터넷IoT[78]이나 만물인터넷IoE[79] 등을 통하여 축적된 이전과는 비교할 수 없는 어마어마한 분량의 정형적, 비정형적인 자료를 동시에 자유자재로 분석할 수 있는 시대가

그림 5-1 ┃ **지식 창출 모델**

	암묵지 to 형식지	
암묵지	공동화	표출화
from		
형식지	내면화	연결화

도래하고 있는 것이다.

이 같은 사실을 〈그림 5-1〉의 이쿠지로 노나카Ikujiro Nonaka[80]
의 지식경영이론에 적용을 하면 형식지Explicit Knowledge뿐만이 아
니라 암묵지Tacit Knowledge까지 자유자재로 다루고 융합하여 새
로운 형태의 지식을 만들어내고 공유할 수 있는 시대가 온 것이
라 할 수 있다. 즉 인간의 경험에 의존한 통찰력에 전적으로 의
존을 해왔던 문제정의의 역량이 빅데이터 분석에 의해 획기적
으로 발전할 수 있는 길이 열리고 있는 것이다.

02

시대는 컨버전스를 원한다

컨버전스는 새로운 개념이 아니다. 중세와 근세의 징검다리 역할을 한 르네상스도 메디치 가문의 후원 하에 피렌체를 중심으로 재능 있는 수많은 인재들이 모여 교류하는 과정에서 일어난 융합의 산물이라고 할 수 있다. 가까이 보면 지우개 달린 연필도 편리함이라는 가치를 만들기 위해 지우개와 연필을 융합한 것이다. 한국의 역사를 보더라도 거북이 형상의 몸체에 용의 머리를 부착한 거북선은 거북의 단단함과 용의 무서움을 결합함으로서 이미지의 융합을 추구한 이순신 장군의 컨버전스에 기반한 혜안을 잘 보여주고 있다.

이렇듯이 컨버전스가 전혀 새로운 것이 아니었음에도 불구하고 최근에 대두된 가장 현실적인 이유는 다음의 3가지를 들 수 있다.

첫째, 정보통신기술의 발달로 인해 서로 다른 것의 결합이 상상할 수 없을 정도로 용이해졌다. 최근 대두되고 있는 사물인터넷이나 만물인터넷이 좋은 예다. 정보통신기술은 때로는 융합의 대상으로 때로는 융합을 가능하게 해주는 접착제로 때로는 서로 다른 객체들이 원활하게 협력할 수 있게 해주는 윤활유의 역할까지 해주고 있다.

둘째, 고객의 경험 중심으로 이동하는 고객의 욕구를 단일 기업이 충족해주는 것이 불가능해졌다. 과거에는 단일 제품이나 서비스를 중심으로 여러 기업들이 경쟁했지만 지금은 고객의 전체적인 라이프스타일을 향상시키는 제품이나 서비스를 종합선물세트로 만들기 위해 서로 다른 기업들의 협력이 꼭 필요한 시대가 된 것이다. 예를 들어 미국의 서점인 반스앤노블Barns and Noble과 스타벅스의 결합은 책을 고르며 커피도 마시는 고객의 라이프스타일을 융합을 통해 충족시켜준 좋은 예다. 이를 위해서는 기술, 조직, 산업을 가로지르는 융합이 꼭 필요하다.

셋째, 무에서 유를 창조하는 발명보다는 기존에 존재하는 서로 다른 것을 융합하는 것이 보다 효과적으로 혁신적인 가치나

그림 5-2 ┃ 샤오미 CEO 레이 준

THE MIND THAT MADE MERCEDES F-1 CHAMP

Forbes
Asia

BUSINESSMAN
OF THE YEAR

SMARTPHONE
SENSATION

LEI JUN AND XIAOMI
PUT TOP TECHNOLOGY
IN EVERYMAN'S POCKET

* 출처 : www.forbes.com

아이디어를 만들고 실행할 수 있기 때문이다. 성경에도 "태양 아래에는 새로운 것이 없다"[81]는 말이 나온다. 인류의 진보를 이끌어낸 수많은 업적들은 기존의 성과를 결합하여 얻어낸 산물이었던 것이다. 17세기의 위대한 과학자 뉴턴은 '거인의 어깨에 올라섰다'는 표현을 사용했다. 즉 거인의 어깨에 올라섬으로써 보다 멀리 볼 수 있었다는 것이다. 물론 여기서 거인의 어깨는 기존의 아이디어나 과거의 과학자들의 업적을 의미한다.

결론적으로 기존의 방법으로는 높고 복잡해지는 고객의 욕구를 충족시켜주는 것이 어려워짐에 따라 정보통신기술에 기반한 융합을 통해 좀더 효과적으로 창조적인 제품과 서비스를 개발하여 고객의 욕구를 만족시키려는 컨버전스에 기반한 가치창출 전략이 점점 더 중요해지고 있다.

최근 스마트폰 산업에서 샤오미Xiaomi를 필두로 부상하고 있는 중국도 융합의 관점에서 설명할 수 있다. 최근 중국산 스마트폰의 강점은 애플이나 삼성 못지않은 품질의 제품을 훨씬 싼 가격에 판다는 것이다. 이 같은 것이 가능한 것은 중국과 대만을 합친 '차이완Chiwan' 이라는 신조어가 상징적으로 설명하듯이 대만의 뛰어난 정보통신기술 기술력과 중국의 값싼 노동력과 광대한 시장이 결합한 융합의 결과로 설명할 수 있다.

03

컨버전스란 무엇인가

컨버전스의 사전적 정의는 '다른 기술, 산업, 장치를 하나의 전체로 합치는 것'이다.[82] 컨버전스가 새로운 트렌드이기 때문에 컨버전스를 정의하는 다양한 아이디어가 제시되어 왔지만 이 책에서는 이상문과 데이비드 올슨David Olson의 정의에 따르고자 한다.

> 다른 배경에서의 아이디어, 사물의 융합을 통하여 시너지를 일으켜 이전보다 나은 가치를 창출할 수 있는 방식으로 활용하는 것[83]

이 정의의 핵심은 '시너지'다. 서로 다른 환경에서 나온 다양한 아이디어나 사물을 결합하고 잘 활용하여 시너지를 일으키는 것이 컨버전스인 것이다. 즉 1+1이 단순히 2가 되어서는 안 되고 그 이상의 가치를 가져와야 한다. 그리고 시너지를 일으키려면 융합의 대상이 되는 서로 다른 객체들이 몰입하여 창조적 융합을 해야 하는데 이를 위해 꼭 필요한 것이 공동의 목표다. 그러므로 공동의 목표는 소수에 의해 일방적으로 제시되어서는 안 되고 폭넓고 다양한 이해관계자들 간의 소통을 통해 공동으로 창조되어야 한다. 이해당사자들이 공동의 목표를 수긍하고 받아들여야만 목표 달성에 몰입할 수가 있고 몰입해야 더 창조적인 방식으로 업무를 처리하게 되기 때문이다. 전 세계에서 가장 방대한 양의 데이터를 지닌 미국 갤럽의 연구 결과를 보면 몰입을 하는 종업원들이 몰입을 하지 않는 종업원보다 약 20배 정도 창의적으로 일을 처리함은 물론이고 2배 정도 일자리를 더 창출한다고 한다.[84]

지금까지의 내용을 정리하자면 모든 이해당사자들이 받아들일 수 있는 공동의 목표를 함께 정의하고 목표 달성을 위해 함께 몰입을 할 때 창조성이 극대화되고 궁극적으로 창조적인 융합으로 귀결되어 목표 달성에 큰 역할을 하게 된다는 것이다. 그러므로 공동창조와 컨버전스는 불가분의 관계에 있다고 할 수 있다.

04

META INNOVATION

컨버전스의 유형

컨버전스의 유형을 정의하는 데에는 기준에 따라 다양한 방법이 있지만 크게 한 분야의 아이디어를 다른 분야에 적용하는 적용적 컨버전스와 서로 다른 객체들을 결합하는 결합적 컨버전스로 나눌 수 있다. 그리고 추가로 경쟁 환경에 주는 영향에 따라 컨버전스를 분류할 수도 있다.[85] 이 장에서는 적용적 컨버전스와 결합적 컨버전스에 대하여 자세히 살펴보고자 한다.

적용적 컨버전스

적용적 컨버전스Application란 한 분야의 아이디어를 다른 분야에 적용하여 혁신적인 가치를 만들어내는 것을 의미한다. 예를 들어 피아노 건반의 작동원리를 적용하여 타자기를 만들거나 놀이동산의 롤러코스터의 작동원리를 적용하여 에스컬레이터를 개발한 것이 좋은 예다.

최근의 예로는 주로 의복이나 신발에 사용되던 섬유기술을 의료산업에 적용한 고어텍스의 고어프로셀Gore Procel을 들 수 있다. 고어프로셀은 뼈가 부러진 환자가 깁스를 했을 때 간지러움 때문에 고통을 받는 점에 착안하여 고어텍스의 방수섬유로 깁스를 할 수 있는 제품을 만들어 환자가 간지러울 때마다 샤워를 하거나 깁스 속으로 찬물을 흘러내려 증상을 가라앉힐 수 있게 했다. 적용적 컨버전스를 통해 깁스를 한 환자들을 가려움의 고통에서 해방시켜준 것이다.

적용적 컨버전스는 오랜 시간 동안 혁신의 산파역할을 해왔다. 맥도날드는 포드의 자동차 조립을 위한 조립라인assembly line을 자사의 주방에 적용했고, 조립을 위해 사람 대신 자동차가 움직이는 포드의 조립라인은 소와 같은 동물의 몸을 분해해가며 부위별로 분류하는 고기포장 공장에서 온 것이다.

그림 5-3 ▌ **고어프로셀을 한 어린이**

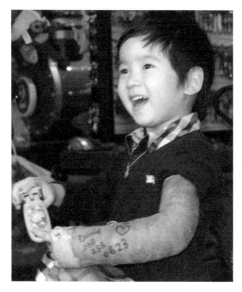

* 출처 : 필자가 집접 찍은 사진

마찬가지로 고급스러운 커피에 전략적 초점을 둔 스타벅스는 거리 곳곳의 에스프레소 바에서 커피를 즐기는 이탈리아 사람들의 모습에서 아이디어를 얻었다. 비디오 대여산업에서 블록버스터라는 오프라인의 거인을 무너뜨린 넷플릭스Netflix의 아이디어는 우편으로 책을 파는 아마존닷컴에서 기인했다. 블록버스터는 그들이 지닌 자본력을 활용하여 우편을 통한 대여나 다운로드를 활용한 대여 등 적어도 2번의 혁신 기회가 있었지만 현실에 그대로 안주하다가 잃을 것이 없는 후발주자로서 과감하게 혁신적인 비즈니스 모델을 받아들인 넷플릭스에게 시장을 송두리째 빼앗기고 말았다. 블록버스터나 광학산업에 안주하여 실패했던 코닥의 사례는 개인이나 기업이 현재의 위치에 자만하고 안주했을 때 오는 재앙을 잘 보여준다.

결합적 컨버전스

서로 다른 객체를 창조적으로 융합하여 새로운 가치를 만들어
내는 컨버전스를 결합적 컨버전스Combination라 정의하고자 한다.
창조성이 곁들어 있는 결합적 컨버전스는 적용적 컨버전스와
마찬가지로 우리의 삶을 윤택하게 해주는 혁신의 근원이 되어
왔다. 예를 들어 구글은 데이터마이닝, 페이지 랭킹Page ranking,
탐색과 연결된 광고판매 기술을 융합한 서비스를 제공하고 있
으며 넷플릭스의 비즈니스 모델은 아마존의 우편판매 아이디어

표 5-1 ┃ **결합적 컨버전스의 유형**

컨버전스 유형	지향하는 혁신
• 제품과 요소 간 컨버전스	• 제품과 서비스 혁신
• 기능 간 컨버전스	• 기업의 업무과정 재설계
• 조직 간 컨버전스	• 가치사슬의 혁신
• 기술적 컨버전스	• 기술과 제품의 혁신, 새로운 기술창조
• 산업 간 컨버전스	• 고객이 원하는 가치와 시장의 혁신
	• 새로운 산업창조
• 생체인공지능 컨버전스	• 유비쿼터스 융합

그림 5-4 ┃ 중국에서 출시된 갤럭시 빔 2의 광고

그림 5-4 ┃ 중국에서 출시된 갤럭시 빔 2의 광고

와 헬스센터의 멤버십 판매 모델을 기반으로 하고 있다.

　결합적 컨버전스는 융합의 주체가 누구인가에 따라 다양하게 나눌 수 있다. 이 책에서는 컨버전스를 〈표 5-1〉과 같이 여섯 단계로 분류했다. 주목해야 할 점은 표의 오른쪽 열에 나온 것으로 각각의 융합을 통하여 어떠한 혁신을 주로 추구하는가다.

제품과 요소 간 컨버전스

제품과 요소 간 컨버전스Component/Product Convergence는 서로 다른 요소 간의 결합을 통해 더 나은 가치를 지닌 혁신적인 제품이나 서비스를 개발하는 것을 주요 목표로 하고 있다. 멀게는 연필과 지우개의 결합을 가깝게는 스마트폰과 빔 프로젝트를 결합한 삼성전자의 갤럭시 빔을 예로 들 수 있다. 제품과 요소 간 컨버전스의 지향점은 융합을 통하여 혁신적인 제품과 서비스를 개발하는 것이다.

기능 간 컨버전스

기능 간 컨버전스Functional Convergence는 조직 내 서로 다른 부서 간의 융합을 통해 조직 성과의 극대화를 추구하는 것을 의미하며 지향점은 업무 프로세스의 혁신Business Process Innovation이다.

과거 조직의 각 기능 부서들은 전체의 성과보다는 각 부서의 성과 극대화에만 초점을 두었다. 예를 들어 생산부서는 시장의 수요는 고려하지 않고 단지 생산의 극대화에만 치중하여 결국에는 엄청난 재고를 떠안는 경우가 많았다.

이러한 문제점들은 전사적 자원관리시스템 같은 정보 시스템을 받아들임으로써 기능 부서 간의 장벽을 허물고 협력하여 해결할 수 있게 되었다. 이러한 접근은 업무 프로세스 자체를 혁신시켜 과거 기능 중심의 업무 프로세스를 기능을 가로지르는 협력 중심으로 바꿔 큰 틀에서 조직 전체의 성과를 올리는데 기여할 수 있다.

〈그림 5-5〉는 하나의 통합된 패키지로 대기업 전체를 다룰

그림 5-5 ┃ SAP Business Suite 광고

One for All: 365 days of SAP Business Suite

수 있음을 강조하는 SAP Business Suite의 광고 이미지다. 모두를 위한 하나One for All라는 문구가 상징하듯이 하나의 시스템으로 조직의 모든 기능을 가로지르는 통합을 통해 시너지를 일으키는 것에 초점을 두고 있다.

조직 간 컨버전스

조직 간 컨버전스Organizational Convergence는 서로 다른 조직 간의 융합을 통하여 가치사슬의 혁신을 일으키는 것을 목표로 하고 있다. 조직 간 컨버전스는 앞장에서 소개한 혁신의 진화 단계 중 협력적 혁신과 긴밀하게 연결되어 있다. 각각의 기업은 가장 잘할 수 있는 분야에만 집중하고 나머지는 해당 분야 최고의 기

업과 협력하여 보완함으로써 최고의 제품과 서비스를 고객에게 제공하는 개념이다.

나이키가 이에 해당한다. 나이키는 더 이상 신발 제조업체가 아니다. 나이키는 자신들이 가장 잘할 수 있는 브랜드 관리Brand Management에만 집중하고 나머지는 전부 다른 초일류 기업에 아웃소싱을 하고 있다. 이러한 추세를 가치조직화Value Organization라고 하기도 한다. 과거에는 가치를 생산했지만 이제는 활발한 아웃소싱을 통해 최고 가치를 창조한다는 의미다. 제품의 디자인과 혁신에만 전념하며 대부분의 활동을 아웃소싱하는 애플, 중저가 TV 조립업체인 비지오 등이 좋은 예다.

조직 간 융합이 대두된 또 다른 이유는 파괴적 혁신의 대두다. 새로운 기업이 파괴적 혁신을 통해 기존 시장에 진입하여 새로운 고객기반을 빠르게 형성해갈 때 기존 기업들은 다음과 같은 의사결정에 직면하게 된다.

① 기존 조직을 중심으로 대응을 할 것인가? VS 새로운 독립적인 조직을 만들 것인가?
② 새로운 기업이 도입한 파괴적 혁신을 흉내 낼 것인가? VS 새로운 파괴적 혁신으로 대응할 것인가?
③ 파괴적 혁신으로 형성된 새로운 시장의 고객들은 기존의

고객들을 잠식한 것인가? VS 전혀 새로운 고객기반을 창출한 것인가?

이와 같은 질문에 관한 정답은 사실 존재하지 않는다. 해당 산업과 경쟁 환경에 따라 다른 전략들을 선택해야 하는 경우가 많기 때문이다. 예를 들어 항공 산업에서 대부분의 기업들은 저가항공사들이 시장을 파괴해올 때 처음에는 새로운 비즈니스 모델에 기반한 독립 조직을 만들어 대항했다. 사우스웨스트 Southwest Airline에 대항하여 콘티넨털라이트 Continental Lite를 만들었던 콘티넨털항공이 그 예다. 하지만 지금은 기존 조직을 활용하여 경쟁하는 쪽으로 방향을 전환했다.

하지만 다른 산업에서 대부분의 조직은 전혀 다른 독립적 브랜드와 조직을 만들어서 그 조직만의 독립적인 문화와 핵심역량을 구축하여 새로운 시장에서 파괴적 혁신으로 경쟁하는 방법을 선택한다. 소니의 플레이스테이션과 마이크로소프트 엑스박스 X-Box가 10대와 청년층을 새로운 고객 기반으로 하여 높은 기기성능으로 파괴적 혁신을 일으키며 도전해올 때 과감하게 가족 게임의 개념을 도입하여 새로운 고객 기반에 초점을 두고 사용하기 쉬운 게임으로 차별화를 했던 닌텐도의 위 Wii가 좋은 예다.

하지만 이 경우 문제는 높은 독립성은 기존 조직과의 유기적인 협력을 통하여 시너지를 구축하는 것에 역행할 수 있다는 점이다. 즉 조직 간의 융합이 중요한 이슈가 되는 것이다. 이를 위해 핵심 역할을 할 수 있는 것이 이 책에서 제안한 공동창조의 개념이다. 공유할 수 있는 기반, 공유할 수 있는 가치, 협력을 북돋는 인센티브 등은 조직 간의 융합을 통한 시너지 창출을 위해 핵심적인 해법이다.

산업 간 컨버전스

산업 간 컨버전스Industry Convergence는 다양한 산업 간의 융합을 통해 시장에 혁명을 일으키는 전략이며 최근 가장 큰 각광을 받고 있다. 지향하는 목표는 고객이 원하는 가치를 포함한 시장의 혁신이다. 한정 없이 높아만 지는 고객의 욕구를 충족시키기 위해서는 단지 조직 간의 융합을 통한 가치사슬의 혁신만으로는 부족하고 서로 다른 산업을 연결시킴으로써 새로운 시장의 형성 등을 통해 시장에 혁명을 일으키는 것이 필요하기 때문이다.

예를 들어 최근 우리나라의 핵심 산업으로 부각되고 있는 의료관광산업Medical Tourism이 그 좋은 예다. 〈그림 5-7〉과 같이 중국의 8개 도시에서 큰 각광을 받고 있는 디즈니 영어Disney English로 상징되는 에듀테인먼트Edutainment도 비슷한 예다. 산업

그림 5-6 | 서울 강남에 위치한 메디컬 투어 센터의 모습

그림 5-7 | 중국의 디즈니 잉글리시

* 출처 Disneyenglish.com

간 컨버전스는 기존의 기업전략의 근간을 흔들고 있다. 예를 들어 마이클 포터의 5가지 경쟁요인 모델5 Fores Model 모형은 이러한 추세를 설명하는 데 분명한 한계가 있다. 포터의 모형은 근본적으로 단일산업을 기준으로 하고 있고 최근 중요성이 대두되는 애플의 앱스토어와 같은 보완재의 역할을 전혀 설명할 수가 없다.

산업 간 컨버전스의 관점에서 한 가지 꼭 다루어야 할 주제는 서비스 사이언스Service Science일 것이다. 서비스 사이언스를 한마디로 요약하면 제조업의 서비스화, 즉 제조업과 서비스의 융합이라고 할 수 있다. 고객의 경험을 소유에서 대여로 바꾸는 것으로 공유경제시대의 패러다임과도 잘 어울리는 것이다. 이를 서비타이제이션Servitization으로 표현하기도 한다. 제품인 정수기는 무료로 제공하고 정수기용 생수배달, 정수기 청소 등으로 수익을 일으키는 전략이 그 예다.

다른 좋은 예는 전기자동차다. 전기자동차 보급의 가장 큰 걸림돌은 긴 충전시간인데 이스라엘에서는 자동차용 배터리를 서비스화시켜서 문제를 해결하려 하고 있다. 배터리를 충전하는 대신 충전된 배터리로 교환하는 아이디어로 배터리를 소유의 대상이 아닌 빌리는 대상으로 만들어 문제를 해결한 것이다.

기술적 컨버전스

기술적 컨버전스Technology Convergence는 서로 다른 기술 간의 융합을 통하여 기술적 혁신을 일으키는 것을 목표로 하고 있다. 요즘 가장 흔히 볼 수 있는 융합의 종류다. 예를 들어 로봇 공학과 영상기술과 의료기술을 융합한 수술용 로봇인 다빈치Da Vinci를 들 수 있다. 다빈치를 수술에 활용하면 수술 중에 발생하는 출혈로 인한 응급수혈의 발생 빈도를 지금의 5%에서 3%로, 약 40% 정도 줄일 수 있다고 한다.

생체인공지능 컨버전스

생체인공지능 컨버전스Bio Artificial Convergence는 지금까지 소개된 컨버전스의 유형 중 가장 앞선 단계로 컨버전스의 미래라고 할 수 있다. 생체와 인공지능 간의 융합을 통해 새로운 가치를 만들어내는 것을 목표로 하는데 이러한 컨버전스의 지향점은 유비쿼터스 혁신이다. 유비쿼터스 혁신이란 인간의 지능을 장착한 기계들이 언제, 어디서나 인간이 필요한 일들을 돕는 시대라 할 수 있다. 생체인공지능 컨버전스의 전조가 될 수 있는 예를 들자면 최고의 체스 컴퓨터인 왓슨Watson을 들 수 있다.

클리블랜드 의대에 따르면 왓슨이 의대 과정을 밟고 있고 의학박사 학위를 취득하면 인공지능을 활용하여 환자를 진료할 수도 있다고 한다. 머신러닝을 통해 습득한 수없이 많은 환자 진료 사례들을 종합하여 최적의 진단을 할 수 있게 된다는 것이다. 이 부분은 앞에서 소개한 빅데이터와도 연관이 깊다. 미국 국방연구소DARPA : Defense Advanced Research Project Agency의 지원 하에 애리조나주립대학교의 윌리엄 타일러William Tyler 박사의 연구팀이 개발 중인 초음파 장착 헬멧Ultrasound Enhance Helmets도 좋은 예다.

헬멧에서 나오는 초음파를 활용하여 병사의 뇌의 일부 위치를 자극하여 병사들을 좀더 기민하게 만들어주고 스트레스를 줄여주며 외상성 뇌손상에서 오는 나쁜 증상들을 완화시켜주려는 아이디어다. 휠체어를 사용하는 장애인들이 뇌에서 나오는 신호로 휠체어를 작동시킬 수 있는 쉐어드콘트롤Shared Control 같은 시스템도 한 예다. 이러한 예들은 유비쿼터스 혁신의 시대가 막연한 미래가 아니라 생각보다 가까이 다가오고 있음을 보여주고 있다.

지금까지 컨버전스의 대두 배경, 개념과 유형 및 컨버전스와 융합 간의 관계에 대하여 살펴봤다. 그런데 이 장을 정리하면서 꼭 강조하고 싶은 것이 한 가지 있다. 그것은 컨버전스는 공학이나 과학이 아닌 고객과학Customer Science라는 것이다. 즉 무작정 합친다고 혁신이 일어나고 새로운 가치가 생기는 것은 아니

그림 5-8 ┃ 필립스 엠비언트 익스피리언스

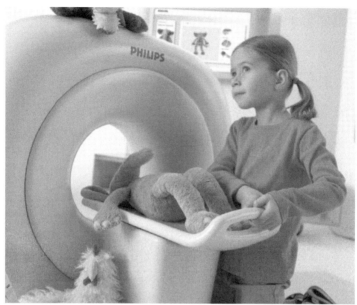

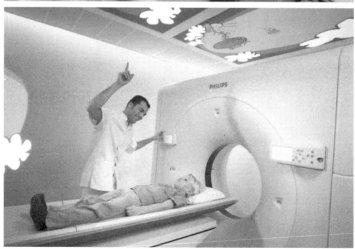

* 출처 : Harvard Business Reviews

라는 것이다. 고객을 깊이 연구하여 고객이 원하는 것을 넘어 고객이 원해야 하는 가치까지 알아내어 융합을 통해 달성할 때 컨버전스 전략은 성공할 수 있다.

고객이 MRI를 찍을 때 염려하는 것은 MRI 기계의 성능이 아니라 MRI를 찍는 경험이라는 것을 간파하여 필립스 엠비언트 익스피리언스Philips Ambient Experience, 필립스의 안락한 경험를 도입한 필립스가 좋은 예다. 필립스는 MRI 촬영을 기분 좋은 경험으로 만들기 위해 환자가 원하는 환경으로 MRI 촬영실의 분위기를 바꿀 수 있게 만들었다. 골프를 좋아하면 골프장으로 바다를 좋아하면 바닷속으로 MRI 촬영실의 분위기를 변화시킬 수 있게 한 것이다.

어린이가 MRI 기계가 무서워 촬영을 거부하면 옆에 있는 작은 MRI 기계에 아이가 좋아하는 인형을 넣고 인형의 배 속을 볼 수 있게 하여 MRI가 사람을 아프게 하는 것이 아니라 단지 배 속을 들여다보는 기계임을 알 수 있게 해줬다. 필립스의 사례는 융합은 고객이 원하는 가치를 달성하는 과정에서 일어나야 성공할 수 있음을 명확하게 보여주고 있다.

다음 장에서는 디자인 사고의 개념과 공동혁신생태계 속에서의 역할에 대해 살펴볼 것이다.

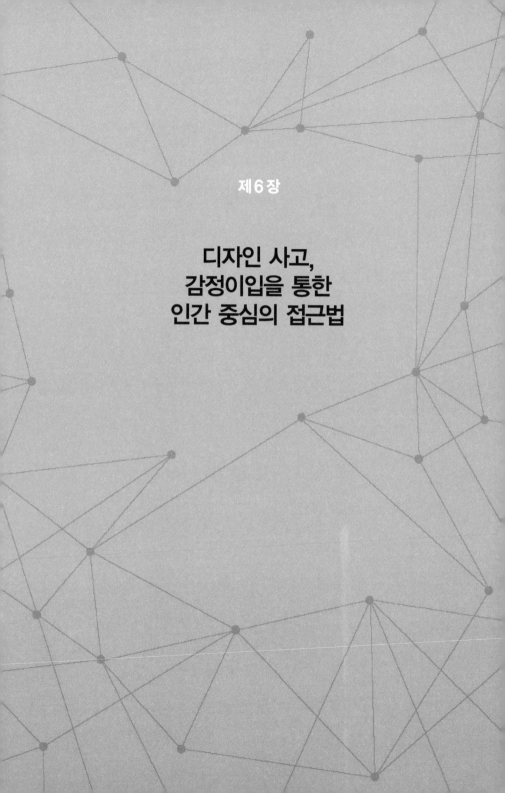

제6장

디자인 사고,
감정이입을 통한
인간 중심의 접근법

01

META
INNOVATION

소비자의 욕구를 찾아내는
디자인 사고

사회는 점점 다원화되고 소비자의 욕구는 다양하고 복잡하며 불확실해짐에 따라 전통적인 분석으로는 소비자의 욕구를 제대로 파악하기가 어려워졌다. 더 나아가 소비자는 그들이 기대하지 못했거나 깨닫지 못했던 욕구까지 기업들이 알아내고 혁신적 제품을 만들어 일깨워주기를 기대하고 있다. 기술적으로는 충분히 가능했지만 누구도 상상하지 못했던 스마트폰을 개발하여 고객들에게 그동안 무엇을 모르고 지냈는지를 깨우쳐준 스티브 잡스가 좋은 예다.

팝음악 역사상 가장 위대한 곡 중의 하나로 손꼽히는 '험한

그림 6-1 ▎ **폴 사이먼과 넬슨 만데라**

세상의 다리가 되어Bridge Over Troubled Water' 라는 곡으로 우리에게
잘 알려진 사이먼 앤 가펑클Simon and Garfunkel의 폴 사이먼Paul
Simon 또한 훌륭한 예다. 그가 〈타임Time〉지가 선정한 '20세기를
만든 100인' 에 명예롭게 선정되었고, 70살이 넘도록 지난 60년
간 변함이 없이 그래미상Grammy Awards의 후보로 오른 것은 팝 예
술가는 '관객이 원하는 노래보다 관객이 들어야 하는 노래를 만
들어 불러야' 한다는 일념으로 항상 혁신적인 음악을 만들어 관
객들이 새로운 음악에 눈을 뜨게 해줬기 때문이다.

그는 20대였던 사이먼 앤 가펑클 시대의 주옥같은 노래만 불러도 평생 인기를 누릴 수 있었지만 자신의 철학에 따라 끊임없이 다양한 장르의 융합을 통한 혁신을 시도했다. 1972년에는 백인 최초로 레게 음악을 도입[86]했고 나중에는 남아프리카 공화국의 흑인 음악까지 도입했다. 당시에는 흑인 인권운동가였던 넬슨 만델라 전 대통령의 표현처럼 "아프리카의 흑인들에게도 백인에게 핍박 받는 희생자의 모습뿐만이 아니라 음악과 같은 자랑스러운 문화적 자산이 있다."는 것을 전 세계에 알리는 역할을 한 것이다.[87]

디자인 사고Design Thinking가 등장하게 된 주요 배경은 고객의 복잡하고 추상화된 욕구를 정확히 발견하고 빠른 시간 내에 창조적인 해법을 마련하는 능력이 생존을 위해 필수적인 세상이 되었는데 이를 디자인 사고가 충족시켜줄 수 있기 때문이다. 디자인 사고는 혁신적인 디자인 기업인 IDEO에 의해 소개가 되어 기업은 물론이고 공공분야[88], 사회적 기업[89]에 이르기까지 활발하게 사용되고 있다. 디자인 사고의 핵심은 디자이너들의 감각과 방법을 활용하여 인간의 욕구를 기술적 구현 가능성과 지속 가능한 경영전략과 조화를 이루게 함으로써 고객에게 더 나은 가치를 제공하고 새로운 시장의 기회를 만드는 것으로 정의할 수 있다.[90, 91]

디자인 사고가 등장한 또 다른 배경은 기존의 의사결정 방식

그림 6-2 ┃ 허버트 사이먼의 문제해결 모델

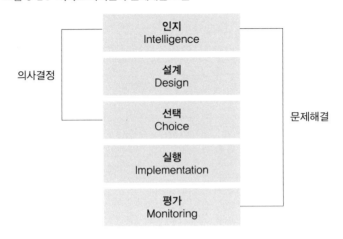

의 한계 때문이기도 하다. 최고경영자가 몇 가지 단순한 변수와
직관에 의존하여 내린 의사결정과 방대한 데이터에서 추출한
수많은 변수들을 활용한 통계적 분석에 의존한 의사결정 사이
에 별로 유의한 차이가 없다는 사실이 기존의 의사결정 방식의
한계를 잘 보여준다. 안정적이고 예측이 가능한 환경에서는 정
밀한 데이터 분석에 의한 의사결정이 더 정확하고 시장이 불확
실한 상황에서는 경영자의 직관에 의한 단순한 의사결정이 더
바람직하다는 의견이 많기도 하다.[92]

　의사결정 방법을 다룬 수많은 아이디어가 있지만 그중 가장
대표적인 이론은 의사결정 이론으로 1978년에 노벨경제학상을

수상한 미국의 심리학자인 허버트 사이먼Herbert Simon93의 의사결정 모델일 것이다. 그는 의사결정 과정을 문제를 정의하고 정보를 수집하는 인지intelligence 단계, 대안을 개발하고 평가 분석하는 설계Design 단계, 그리고 대안을 선택Choice하는 세 단계로 나눴고 실행을 의미하는 실행implementation과 실행성과를 관측하는 평가monitoring를 포함한 다섯 단계를 총칭하여 문제해결 과정이라고 했다.

사이먼의 모델로 상징되는 기존의 접근법은 개인이나 조직이 문제를 정의하고 대안을 마련하고 최종 해법을 선택하고 실행하고 평가하는 일련의 과정을 논리적으로 표현하고 있어 거의 반세기가 지난 지금도 큰 의미가 있지만, 모든 것이 빠르고 급속하게 변하는 현 시대에 활용하기에는 다음과 같은 이유로 한계가 있다.

첫째, 환경을 분석하고 대안을 마련하고 선택을 하는데 주로 내부적인 역량에 의존하고 있다. 의사결정을 위한 내부 역량은 물론 중요하지만 외부 역량을 활용하는 능력이 더욱 중요한 세상이 되었다. 예를 들어 고객도 인식 못하는 욕구를 내부적인 역량으로 알아내는 것은 거의 불가능하다. 고객과 감정까지 공유하는 긴밀한 소통과 교류를 통해서만 고객의 경험을 이해하고 올바르게 문제를 정의하고 대안을 마련하고 해법을 선택할 수 있는 것이다.

둘째, 의사결정을 위한 협업의 중요성이 담겨 있지 않다. 문제를 정의하고 혁신적인 아이디어를 내기 위해서는 창의적인 아이디어를 낼 수 있는 환경과 다양한 배경과 아이디어를 가진 인적 자원 간의 협업을 통한 공동창조가 강조되어야 한다. 혁신적인 아이디어를 만드는 경쟁은 기본적으로 팀스포츠Team Sports라는 말도 있다.

셋째, 빠른 의사결정과 실행을 위한 근본적인 패러다임 전환이 필요하다. 과거의 의사결정 프레임은 원하는 많은 대안 중에 의사결정의 수준에 맞는 해법을 하나 골라서 실행하고 평가하는 것이었다. 즉 신중하게 최종 단일 대안을 선택하고 실행하는 것이었다. 그리고 실행에는 보통 상당한 시간이 소요되기 때문에 결과가 마음에 들지 않아 다른 대안을 선택하여 실행하는 데는 너무 많은 시간이 걸렸고 급변하는 시장 환경은 기존의 아이디어를 무용지물로 만들기도 한다. 하지만 중국의 원형prototype 제조 전문기업에게 원하는 제품의 원형제작을 아웃소싱하면 2주면 배달되는 세상이 되었다. 나아가 이제는 3D 프린터로 원하는 물건을 바로 만들어낼 수 있는 시대이기 때문에 여러 대안들을 원형으로 만들어 실제로 실행부터 한 후에 선택을 하는 것이 가능해졌다. 즉 심사숙고해서 최종안을 실행하는 것이 아니

라 여러 안들을 실제로 실행한 후 최종안을 전적으로 실행하는
것이 가능해진 것이다.

기존의 의사결정 모델들이 지닌 이러한 한계점을 극복하고자
대두되고 있는 것이 인간 중심, 원형실험 중심, 협업 중심을 강
조하고 있는 디자인 사고인 것이다.

META INNOVATION

멋진 세상을 추구한다

디자인 사고는 관점에 따라 다양하게 정의되고 있지만 다음과
같은 공통적인 특징을 가지고 있다.

디자인을 목적이 아닌 과정으로 본다

디자인의 수준은 4단계로 나눌 수 있다.[94]

첫 번째 단계는 개개인이 가진 디자인에 대한 일반적인 생각
이다. 두 번째 단계는 그래픽 디자이너와 같이 전문가적인 디자

그림 6-3 ┃ **인간, 기술, 경영, 디자인 사고**

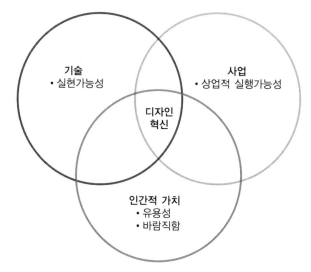

인 기술이다. 세 번째 단계가 디자인 사고이며 디자인 과정과 디자인 과정을 통해 서로 다른 분야가 어떻게 협력할 수 있는가에 초점을 둔다. 그리고 마지막 단계가 디자인 연구인데, 디자인 세계에 대한 학문적인 연구를 의미한다.

이 4가지의 디자인 개념 중 세 번째 단계가 디자인 사고의 개념이라고 할 수 있다. 즉 디자인의 결과물이 아닌 디자이너들의 접근방식을 활용하여 다른 부문 간의 창조적 협업을 이끌어내 혁신으로 이끌려는 노력으로 정의할 수 있다.

인간과 경영과 기술의 융합을 추구한다

디자인 사고는 인간의 관점에서의 바람직함과 경영학적 관점에서의 생존력과 기술적 관점에서 구현가능성을 핵심가치로 한다. 그리고 이 3가지의 핵심가치가 만나는 곳에서 디자인 혁신이 나온다고 믿는다. 즉 고객이 바라는 아이디어도 중요하고 경영학적으로 볼 때 지속적으로 이윤을 창출하는 것도 중요하고 기술적인 구현가능성 각각도 중요하지만 이들이 서로 만나는 점에서 직관과 창의적인 아이디어와 파괴적인 혁신이 나온다는 것이다.

공감, 다양성, 협동을 중요시한다

디자인 사고는 사용자와의 깊은 공감을 통해 내면의 욕구까지 발견해내는 것을 추구하고 다양한 구성원들의 다양한 아이디어를 도출한 후Divergence 수렴Covergence해나가며 협력하는 것을 추구한다.

이러한 특징들은 디자인 사고가 기업뿐만이 아니라 정부 등 공공기관은 물론이고 주로 NGO 등이 추구하는 사회적 혁신에 폭넓게 활용되는 배경이기도 하다. 공감을 통해 사회구성원들이 진정으로 원하는 것을 알아내고 다양한 사회구성원들의 협력을 통하여 다양한 해법들을 도출한 후 최선의 대안을 마련하고자 하는 디자인 사고의 접근방식은 기업뿐만이 아니라 관료주의의 비효율성으로 인해 고전하고 있는 공공분야에도 시사하는 바가 많다.

이러한 접근방식은 공동혁신생태계 모델의 핵심요인인 공동의 목표를 찾아내는 데 많은 도움을 준다.

멋진 제품이 아닌 멋진 세상을 추구한다

디자인 사고를 가장 활발하게 활용하는 분야가 디자인으로 세상을 변화시키는 꿈을 꾸는 사회적 혁신Social Innovation인 것이 상징적으로 보여주듯이 디자인 사고가 추구하는 궁극적인 목표는 멋진 제품이 아닌 멋진 세상이다.

디자인 사고의 철학을 성공적으로 적용한 이케아가 궁극적으로 고객에게 전달하고자 하는 가치는 저렴하면서도 좋은 디자인의 가구를 판매함으로써 삶의 질의 향상시키는 것도 있지만 궁극적으로는 DIYDo It Yourself 철학에 따라 고객이 직접 조립하여 가족을 위한 가구를 만들 수 있는 경험을 제공함으로써 고객들이 삶의 존재 의미를 느끼게 하는 것에 있다.

실제로 지인 중의 한 명은 미국 유학 시절에 구입한 평범하고 낡은 이케아 가구를 한국에까지 가져왔는데 그 이유는 본인이 자녀들에게 직접 조립해준 가구이기 때문에 남다른 의미가 있어서였다.

디자인의 영역이 과거와는 다르다

전통적인 디자인의 영역은 시각화된 의사소통 디자인, 내부 공간 디자인, 제품 디자인, 정보 디자인, 설계 디자인 등을 주로 포함했다. 반면에 디자인 사고의 영역은 경험의 디자인, 공감을 위한 디자인, 교류를 위한 디자인, 지속가능성을 위한 디자인, 봉사를 위한 디자인, 변화를 위한 디자인 등 사람들의 삶을 좀 더 의미 있게 만드는 과정에 초점을 두고 있다.

한 예로 〈그림 6-4〉 속의 아쿠아덕Aquaduct을 들 수 있다. 놀랍게도 전 세계에서 깨끗한 물이 부족한 인구의 수가 10억 명이고 매일 5,000명의 어린이들이 물과 관련된 질병으로 사망한다고 한다. 이에 디자인 사고로 유명한 IDEO는 디자인 사고를 활용하

그림 6-4 ┃ **아쿠아덕**

* 출처 www.ideo.com

여 아쿠아덕이라는 자전거를 개발했다.

깨끗한 물을 얻기 위해서는 먼 곳에 있는 물을 길어와야 하고 길어온 물을 정수해야 한다는 2가지 문제를 해결하기 위해 좌석 뒤쪽에 큰 물탱크가 있고 앞쪽에는 정수된 물을 저장할 물통이 달려 있어 자전거의 페달을 밟으며 이동을 하면 자연스럽게 뒤쪽의 물이 정수가 되어 앞쪽의 물통으로 깨끗한 물이 고이게 했고, 집에서도 자전거를 세워놓고 페달을 돌려 필요할 때마다 정수기로 사용할 수 있게 했다.

META
INNOVATION

문제를 정의하라

개인이나 조직이 직면한 환경에 따라 디자인 사고의 적용 과정
은 다양하게 묘사될 수 있지만 그중 가장 많이 알려진 디자인 사
고 적용 단계는 〈그림 6-5〉와 같이 다섯 단계로 나눌 수 있다.

감정이입

감정이입Empathize이란 사용자의 행동을 주의 깊게 관찰하거나
인터뷰 등을 통하여 사용자가 경험하는 감정을 함께 경험하는

그림 6-5 ┃ 디자인 사고과정

* 출처 : www.ideo.com

것이다. 사용자의 감정을 사용자 입장에서 직접 경험함으로써 진정한 문제의 본질이 무엇인지를 찾아낼 수 있는 기반을 얻게 된다. 이를 위해서는 사용자의 눈으로 보고 사용자의 귀로 듣고 사용자의 가슴으로 느끼는 공감에 기초한 소통방식을 채화시키려는 노력이 중요하다.

감정이입의 중요성을 잘 보여주는 사례는 〈그림 6-6〉와 같은 뱅크오브아메리카BOA : Bank of America의 'Keep the Change' 라는 서비스다. BOA는 고객과의 감정이입에 기반한 소통과 관찰을 통해 고객들이 집에 돌아와 주머니에 남아 있는 동전을 빈 통에 넣는 것을 즐긴다는 것을 발견했다.

그리고 그 이유는 큰 힘을 들이지 않고 자연스럽게 저금을 하여 나중에 식구가 다 함께 간단한 외식이라도 할 수 있는 돈을

그림 6-6 ▮ 뱅크오브아메리카의 Keep the Change 서비스

Your Purchase	Item Price	Rounded Up To	Transferred to Savings
	$3.50	$4.00	$0.50
	$5.25	$6.00	$0.75
	$35.49	$36.00	$0.51

Total transferred to savings account = $1.76

만드는 즐거움 때문이라는 것을 알아냈다. 이 사실에 착안하여 고객이 BOA 직불카드로 일정액을 지출하면 무조건 바로 위의 달러 가치로 올림을 하여 출금 계좌에서 출금을 한 후 그 차액을 저축계좌에 넣어주는 서비스를 만든 것이다. 예를 들어 직불카드 고객이 2,300원을 지출하면 출금통장에서 3,000원을 은행이 가져간 후 바로 차액인 700원을 고객의 예금계좌로 넣어주는 방식이다. 이 서비스 하나로 BOA는 1년 만에 100만 명의 신규 가입자를 얻을 수 있었다.

문제정의

문제정의^{Define}란 다양한 팀원들이 감정이입을 통해 얻은 결과를 토대로 통찰력을 얻고 문제의 범위를 설정하고 정의하는 것이다. 팀의 역할은 디자인 사고에서 매우 중요한 역할을 한다. 그 이유는 다양한 배경과 관점을 가진 구성원으로 구성된 팀은 다양한 의견을 도출하고 이러한 다양성은 창의적인 아이디어를 개발하는 데 핵심적인 요소이기 때문이다. 이 단계는 공동의 목표를 정의해야 하는 공동혁신의 핵심 절차를 잘 지원해줄 수 있다.

문제정의의 중요성을 잘 보여주는 예는 불과 5분 전까지 하수구의 오물이었던 물을 마시는 마이크로소프트사의 설립자 빌 게이츠의 모습으로 화제가 된 옴니프로세서^{Omniprocessor}의 개발이다. 빌 게이츠는 2000년에 빌과 멜린다 게이츠 재단^{Bill & Melina Gates Foundation}이라는 자선재단을 설립하여 국제적 보건의료 확대, 빈곤 퇴치, 교육 기회 확대 등 인류 공통의 문제를 해결하기 위해 매진해왔다. 그중의 하나가 저개발 국가의 위생을 개선하기 위해 지속가능하고 환경 친화적인 방법으로 정제된 물을 공급하는 것이었고 그 결과로 옴니프로세서가 개발된 것이다.

이 장치는 어느 지역에나 설치가 가능하고 사람들이 배출한 하수구의 오물들을 투입하면 일차로 수분을 증발시켜 깨끗한

그림 6-7 ▮ 하수구의 오물에서 5분 만에 정제된 물을 마시고 있는 빌 게이츠

* 출처 : 〈비즈니스위크〉

식용수를 생산한 후 이차로 오물들을 태우면서 나오는 증기로 전기를 생산해내는 것이다. 효율도 높아서 약 10만 명의 사람들이 배출한 오물로 약 8만 6,000리터의 물과 250kw의 전기를 생산해낼 수 있다고 한다. 오물로 마실 수 있는 깨끗한 물과 전기까지 생산하여 주민들에게는 깨끗한 자연과 마실 물을 주고 장치운영자에게는 전기로 이윤을 남기는 일석이조인 셈이다.

  이러한 일이 가능했던 이유는 저소득 국가의 열악한 사회 인프라와 위생환경의 문제점을 잘 분석하고 이해하여 '빈곤층을 위해 경제적으로 지속가능하고 환경 친화적인 방법으로 깨끗한

그림 6-8 ┃ 종이판으로 빠르게 만든 칙필레의 매장 구조 원형

* 출처 : www.Chick-fil-A.com

물을 공급하는 방법을 찾아내자' 는 도전적인 문제를 정의하고
창조적인 방법으로 해법을 찾았기 때문이다.

아이디어화

아이디어화Ideate란 정의된 문제를 해결하기 위한 다양한 아이디
어, 즉 대안들을 만들어내는 과정이다. 아이디어의 질보다는 양
과 다양성에 초점을 둔다. 극단적인 예로 99%의 사람들이 최고

로 생각하는 방법이 무엇인지 알아도 억지로 말도 안 되는 아이디어라도 가져와서 고려해보라는 것이다. 그런데 놀라운 것은 종종 어쩔 수 없이 집어넣은 말도 안 되는 아이디어가 채택되는 경우가 있다는 것이다. 다양한 아이디어는 실험하고 융합하여 창조적인 해법을 발견하는 데 꼭 필요한 것이다.

원형

원형Prototype의 개발과 활용을 통한 직접 경험을 통하여 아이디어를 현실화시키는 과정이다. 여기서 말하는 원형은 전통적 원형과는 다른 의미로 값싸고 빠르게 다양한 아이디어에 기반한 원형들을 만들어 직접 경험해보며 옥석을 가리는 것을 의미한다.

최근 대두하고 있는 3D 프린터는 원형 개발에 많은 도움이 될 것으로 보인다. 원형의 실험은 디자인 사고의 가장 핵심적인 것이다. 책상 위에서 수많은 고민을 한 뒤 한 가지 최종안을 골라 실행을 하던 과거와 달리 디자인 사고에서는 여러 가지 대안의 원형을 빠르게 만들어 직접 경험한 후에 최종안을 결정한다. 과거 접근방식이 연역적이었다면 디자인 사고의 접근방식은 귀납적이라고 할 수 있다.

치킨버거 업체인 칙필레^{Chick-fil-A}는 매장의 구조를 전면적으로 바꿔 고객과 종업원 모두에게 편의를 주기 위한 시도를 했다. 그런데 문제는 직접 새로운 구조를 적용하기 전에는 실제로 고객들이 어떤 동선을 따를지 정확히 알 수 없었는데 각각의 재구성안을 시험해보기 위해 매장의 구조를 바꾸는 것은 비용이 많이 들고 오랜 시간이 소요되는 일이었다.

그래서 칙필레는 디자인 사고의 '원형' 단계를 받아들였다. 먼저 다양한 아이디어를 채택한 후 각각의 아이디어에 따라 종이판을 사용하여 신속하게 원형 점포구조를 만들어 실험한 후 평가했다. 그리하여 시간과 비용을 단축함과 동시에 실제 환경에서 다양한 아이디어들을 직접 실험할 수가 있었다.

시험

시험^{Test}는 원형을 직접 사용한 후 채택된 최종 아이디어를 직접 시장에 적용하는 과정이다. 시장에서 얻어지는 결과에 따라 아이디어를 재정의하거나 지속적으로 디자인 사고 과정을 반복할 수 있다.

공공기관에도 필요한 디자인 사고

디자인 사고의 아이디어는 모든 종류의 조직에 적용될 수 있다. 예를 들어 크리스천 베이슨^{Christian Bason}은 앞에 나온 아이디어에 기반하여 공공 부문에 적용할 수 있는 디자인 사고 과정을 다음 그림과 같이 4단계로 제시했다.

① 알기^{Knowing}: 다양한 방법으로 국민과 소통함으로서 국민이 원하는 것에 대한 양적, 질적 데이터를 포괄하는 다양하고 큰 데이터를 축적해가는 과정이다. 국민의 관점에서 접근하는 것이 이 단계의 핵심이다.

그림 6-9 ┃ 공공 부문의 디자인 사고 프로세스

② 분석Analyzing : 이전 단계에서 축적된 빅데이터를 의미 있게 분류하고 구조화시키고 분석하는 과정이다. 최근 대두된 빅데이터가 핵심적인 역할을 할 수 있다. 빅데이터는 크고Volume 다양하며Variety 빠른 처리능력Velocity을 요구한다. 그래서 빅데이터를 3Vs로 특징화하기도 한다. 때로는 이 셋을 합쳐 가치를 만들어내야 한다고 해서 4Vs로 정의하기도 한다. 분석과정의 중요한 결과물은 국민의 의견에 대한 통찰을 얻는 것이다. 이를 위해 주로 사용되는 것이 패턴인식Pattern Recognition과 시각화Visualization다.

③ 융합Synthesizing : 이전 단계에서 나온 통찰을 기반으로 다양한 아이디어를 도출하고 결합하여 선택한 후 선택된 아이디어를 개념화하는 과정이다. 디자인 사고 과정의 아이디어화Ideation에 해당되는 단계다.

④ 창조Creating : 선택된 아이디어를 위한 원형을 만들고 실험하고 제품으로 실현하는 과정이다.

크리스천 베이슨의 공공 부문을 위한 디자인 사고 모형은 직접적으로 표현하지 않았지만 빅데이터 분석의 개념을 디자인 사고 과정에 적용했다는 데에서도 의미를 찾을 수 있다. 그리고 그의 아이디어는 실제로 코펜하겐에 적용되어 지구온난화로 인한 홍수와 공해로 신음하면서도 상충하는 이해를 가진 다양한 구성원 간의 충돌로 갈등하던 코펜하겐을 세계 최고의 환경친화적인 도시로 전환시키는 데 큰 역할을 했다.

디자인 사고를 적용하여 외국인들에 대한 서비스를 향상시키려고 한 싱가포르 정부의 노력도 좋은 예다. '내가 그의 이름을 불러주었을 때 그는 나에게로 와서 꽃이 되었다'는 김춘수 〈꽃〉의 구절은 누구나 이름을 불러주었을 때 존재감을 느낀다는 것을 암시하고 있다.

마찬가지로 싱가포르 정부는 이민국에서 순서를 기다리는 외국인들이 자기 순서가 되었을 때 번호보다는 이름을 불러주었을 때 존재감을 느끼고 편안함을 느낀다는 사실을 발견했다. 그래서 외국인의 대기 순서를 나타내는 모니터에 대기번호 대신 이름을 보여주고 순서가 된 외국인을 부를 때에도 번호 대신 이름을 부르게 했다.

그 결과 외국인 방문자들의 이민국에 대한 서비스 만족도를 올릴 수 있었다. 물론 이러한 발견과 접근이 가능했던 것은 인간 중심의 디자인 사고 접근법 덕이었다.

METĀ
ĪNNOVATION

디자인 사고와
공동혁신의 관계

이 장에서는 디자인 사고의 등장 배경, 개념, 특징, 적용과정에 대하여 다뤄봤다. 디자인 사고를 간단히 요약하면 감정이입을 통한 인간 중심 접근, 다양한 구성원을 지닌 팀 중심의 협력 강조, 원형의 적극적인 활용, '인간, 기술, 경영의 융합 접근' 등이라 할 수 있다. 이러한 핵심 철학은 이 책의 주제인 공동혁신과 잘 부합하고 있다.

감정이입을 통한 인간 중심의 접근법은 이해당사자들과의 깊이 있는 소통을 통하여 공동의 목표를 만들어내는 공동혁신의 첫 단계에 꼭 필요한 요소다. 팀 중심의 협력의 강조는 다양한 이해당사자의 적극적인 몰입을 기초로 한 창의성의 극대화를 기본전제로 한 공동혁신의 철학을 잘 뒷받침해주고 있다.

원형의 적극적인 활용은 큰 그림에는 강하지만 세부적인 대안이 부족하다는 부정할 수 없는 공동혁신의 한계를 극복할 수 있는 훌륭한 대안이다. 그리고 '인간, 기술, 경영의 융합 접근'은 공동혁신의 핵심도구인 컨버전스와 완벽하게 부합하고 있다. 결론적으로 디자인 사고는 공유목표의 공동창조 컨버전스 혁신가치창출로 이어지는 공동혁신 사이클의 모든 과정을 뒷받침해주는 촉진제이자 윤활유의 역할을 해준다.

제7장

기업가정신,
위험을 감수하고
새롭게 도전하라

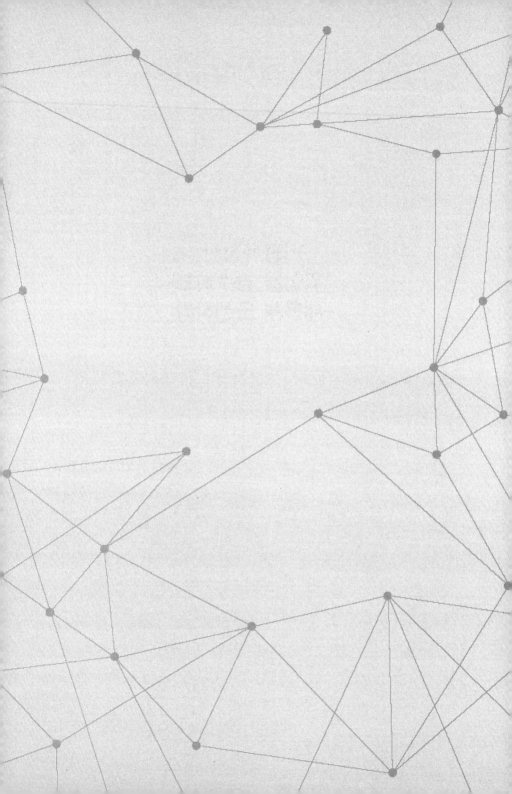

01

기업가정신이란
무엇인가

기업가정신Entrepreneurship이라는 용어를 사용한지는 꽤 오래됐다. 의미 또한 꾸준히 확장되어 원래는 경제, 경영학에서 사용하는 용어였지만 지금은 정부와 비정부기구Non Governmental Organization 단체까지 폭넓게 사용되고 있다. 기업가정신은 기업가 개인이나 조직, 환경적 특성에 따라 다양하게 정의될 수 있다. 그러다 보니 사용하는 환경에 맞게 파생된 용어들도 다양하다. 예를 들어 혁신적 가치창출을 위한 기존 기업의 기업가정신의 활용을 의미하는 인트라플레너십intrapreneur ship, 정보통신기술 등 새로운 기술을 활용한 새로운 가치의 창조를 의미하는 테

크노플레너십technopreneurship, 혁신과 기업가정신을 결합한 이노플레너십이란 용어도 활발하게 활용되고 있다. 그리고 연구자의 관점에 따라 때로는 개인의 기업가적인 성품과 자질 등 내재적인 특성을 의미하기도 하고 때로는 의사결정 등을 포함한 기업을 운영하는 경영관행이 얼마나 기업가적인가를 의미하기도한다.

기업가정신에 관한 다양한 정의가 존재하지만 기업가정신이다루는 범위에 따라 협의와 광의의 개념으로 크게 나눌 수 있다. 협의의 개념은 '창업을 결단하고 실행하는 데 영향을 주는 정신'이라고 볼 수가 있다. 예를 들어 어떤 좋은 아이디어가 떠오르거나 시장에서의 기회를 발견했을 때 과감하게 창업을 결단하고 실행하는 의지를 이야기한다.

광의의 개념은 과감한 창업뿐만이 아니라 창업 이후에 기업가적인 의사결정과 행동으로 창업을 성공으로 이끄는 과정까지도 포함한다.

사실 앞의 두 견해가 모두 중요하지만 글로벌 경쟁과 점점 낮아지는 진입장벽으로 인하여 도래한 무한경쟁의 시대 속에서창업보다는 창업한 기업의 생존이 날로 어려워지고 있고 기업가정신이 창업가뿐만이 아니라 기존 기업의 구성원 모두에게새로운 가치 창출을 통한 생존을 위해 필수적인 자질로 여겨지는 추세를 고려할 때 기업가정신을 좀더 폭넓게 정의하는 것이 보다 의미 있고 시의적절하다 할 수 있겠다. 그러므로 이 책에서는 광의의 기업가정신에 초점을 두고 기업가정신과 혁신의 관계를 접근하고자 한다.

기업가정신과 혁신의 관계에 대하여 가장 명료한 정의를 내린 사람은 경영학의 거목인 피터 드러커일 것이다. 피터 드러커[95]는 성공적 기업가들의 공통점은 어떤 특별한 자질이 아니라 '혁신의 체계적 실현을 위한 헌신적 노력' 이라고 봤다. 즉 혁신을 우선순위에 두고 끊임없이 추구했던 기업가들이 성공했다는 것이다. 그는 산업의 종류와 규모에 관계없이 '혁신은 기업가정신의 특정한 기능' 이라고 정의했다. 그는 혁신을 기업가가 새로운 부를 창출해낼 수 있는 자원을 개발하거나 기존의 자원에 새로운 부를 창출할 수 있는 잠재력을 부여하는 핵심도구로 봤다.

드러커의 기본 전제는 기업가정신은 조직의 규모나 존속 기간과 관계없는 어떤 활동의 집합체라는 것이다. 그리고 이러한 전제 하에 혁신을 기업가정신을 구성하는 핵심 활동으로 본 것이다.

드러커는 혁신을 '기업이 가진 경제적, 사회적 잠재력의 변화를 위해 목적을 가지고 집중하는 것' 으로 정의했다. 혁신의 개념을 폭넓게 정의한 드러커의 견해는 혁신의 범위를 기존의 제품과 서비스를 넘어, 고객이 좋아하는 가치 비즈니스 프로세스, 가치사슬, 고객기반 등으로 폭넓게 정의하고 접근한 이 책의 시각과 일치한다.

기업가 성향

기업가정신과 혁신의 관계에 대한 드러커의 견해를 잘 뒷받침해준 연구자는 럼프킨과 그레고리 데스[96]와 이상문[97]이다. 럼프킨과 그레고리 데스는 기업가정신을 창업으로 연결되는 과정에 영향을 주는 정신으로 정의하고 이와는 별개로 창업을 성공으로 이끄는 정신과 행동양식을 기업가 성향EO : Entrepreneurial Orientation이라는 개념으로 소개했다.

다시 말해 기업가정신이 창업에 영향을 주는 요인이라면 기업가 성향은 창업을 성공시키는 요인들이라고 할 수 있다. 그들이 말한 기업가정신과 기업가 성향을 융합하면 이 책에서 채택한 넓은 의미의 기업가정신과 일치한다 할 수 있다. 럼프킨과 데스는 기업가 성향의 구성요소로 자율성 autonomy, 혁신성 innovativeness, 위험 감수 risk taking, 진취성 proactiveness, 경쟁성 competitive aggressiveness 으로 제시했다. 이러한 5가지 구성요소 가운데 혁신성을 포함한 것만 봐도 기업가정신과 혁신 사이에는 밀접한 관계가 있음을 알 수 있다. 나머지 4가지 요인도 혁신의 성공적인 완수를 위해 필요한 제품과 서비스의 고객 수용을 이끌어내기 위해서는 꼭 요인들과 밀접하게 연결이 되어 있음을 볼 수 있다. 즉 기업가 성향의 5가지 구성요소 모두가 혁신과 밀접하게 관련되어 있는 것이다.

이상문은 럼프킨과 데스의 주장에서 한 발 더 나아가 〈그림 7-1〉에서와 같이 기업가 성향의 구성요인들을 기업가정신이 성공적으로 구현되게 해주는 구체적인 과정으로 정의했다.

기업가 성향을 구성하는 각각의 요인들은 다음처럼 정의할 수 있다.

① **자율성**: 창업을 위해 요구되는 독립정신과 자유
② **혁신성**: 문제의 해결을 위한 새로운 아이디어, 실험, 해법을 장려하고 도와주는 문화와 창의적인 창업가 활동
③ **위험 감수**: 위험을 감수하려는 의지

그림 7-1 ▎ 기업가 정신에 영향을 주는 문화와 환경 간의 상호관계

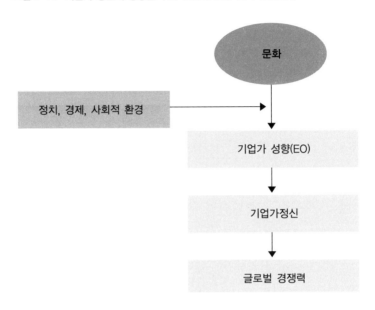

④ 적극성: 기회를 발견, 추구하고 새로운 시장에 도전하는 것을 즐기는 자세

⑤ 경쟁성: 경쟁자에 도전하거나 다른 기업에 대한 비교우위를 달성하는 것을 중요시하는 성취지향적 자세

혁신과 기업가정신의 관계를 명료하게 이해하기 위해서는 발명과 혁신의 차이를 생각해보면 된다. 때로는 좋은 아이디어가 발명으로 끝나고 때로는 그저 그런 아이디어가 혁신이 되기도

한다. 그 차이는 무엇일까? 바로 고객의 수용이다.

고객이 수용을 하지 않으면 아무리 좋은 아이디어도 단지 발명품을 만드는 데 그치고 만다. 고객이 수용을 할 때 제품이나 서비스에 가치가 부여된다. 그리고 이러한 수용을 이끄는 데 꼭 필요한 기업의 역량이 광의의 기업가정신인 것이다. 그리고 광의의 기업가정신의 핵심이 기업가 성향이라고 할 수 있다. 즉 기업가정신은 아이디어의 발견과 구현으로 이어지는 혁신생태계의 전 과정을 통해 혁신에 중요한 영향을 끼치고 있다. 그래서 에릭 노트붐Erik Noteboom[98]은 기업가정신을 혁신의 세부 동인 micro driver이라고 정의하기도 했다.

M🌸TA
🔍NN◎VATIO👤

기업가정신과 혁신의 관계

사실 혁신과 기업가정신의 범위가 함께 넓어지다 보니 서로 중첩이 되어 구별이 점점 어려워지고 있다. 혁신이 기업가정신이고 기업가정신이 혁신이기도 한 세상인 것이다. 기업가정신이 없는 혁신은 어떠한 가치도 만들어낼 수 없다. 마찬가지로 혁신이 없는 기업가정신은 상상할 수가 없다. 그래서 이상문은 이둘을 함께 엮은 개념으로 이노플레너십이라는 개념을 제시하면서 혁신이 가치의 씨를 뿌리는 것이라면 기업가정신은 가치를 수확하는 추수와 같은 역할을 한다고 했다.

성공적인 혁신을 위해 기업가정신이 중요함을 상징적으로 보여주는 예는 스마트폰 개발의 역사일 것이다. 나중에 AT&T로 이름이 바뀐 벨사우스^{Bell South}라는 통신회사를 통해 1994년 시장에 도입된 인류 최초의 스마트폰인 IBM의 사이먼^{Simon}은 실패했다. 그러나 애플의 아이폰은 성공했다. 대체 사이먼과 이이폰의 차이점은 무엇이었을까? 이러한 차이를 만들어낸 것은 바로 기업가정신이었다. 제품뿐만이 아니라 가치사슬, 마케팅 전략, 통신 서비스업체와의 관계마저 근본적으로 변화시켰던 스티브 잡스의 기업가정신이 처음에는 모두가 성공에 대해 반신반의하던 아이폰을 성공적으로 시장에 진출시키고 애플을 혁신의 아이콘으로 만든 것이다.

애플의 예처럼 혁신생태계의 성공을 위한 기업가정신의 역할은 절대적이라고 할 수 있다. 그리고 막연한 기업가정신이 아니라 기업가 성향에서 제시된 5가지 요소 등을 강조하며 장기적인 관점에서 함양하는 것이 기업은 물론이고 개인과 국가에 매우 중요하다. 하지만 안타깝게도 우리나라의 현실은 아직 부족한 점이 있는 것 같다.

한 예로 2014년 봄에 서울의 한 대학에서 학부 학생 전체를 대상으로 진행한 졸업 후 진로의식에 관한 설문조사 결과를 보면 학생들의 27%가 취업을, 26%가 대학원 진학을, 16%가 사시나 공무원 시험을, 11%가 유학을 원했던 반면에 창업을 하는 기업가가 되겠다는 학생들은 단지 2%에 지나지 않았다. 즉 새로운 직업을 만들어내는 직업창조자Job Creator보다는 기존의 직업을 가지는 직업소비자Job Taker가 되기를 원한 것이다.

반면 미국 명문대 학생들에게 같은 질문을 하면 상당히 많은 학생들이 세상을 아름답게 바꾸는 혁신적 가치를 일으키는 기업가가 되고 싶다고 한다. 물론 양국의 학생들을 단순 비교하기에는 환경의 차이가 너무 크다. 특히 미국은 실패를 무릅쓰는 도전을 장려하는 문화와 더불어 실패해도 다시 일어날 수 있는 산업 생태계가 갖춰져 있는 나라이기도 하다. 이런 환경적 차이를 무시하고 학생들이 안정된 직장만을 찾는다고 비난하기에는 무리가 있는 것이 사실이다.

하지만 이러한 통계는 글로벌 혁신경쟁 속에서 우리나라의 교육이 기업가정신에 좀더 초점을 둬야 하고 도전과 실패를 장려하고 한번 실패가 벼랑 끝의 실패가 아닌 다시 뛰어오를 수 있는 도약대로 올라가는 실패가 될 수 있는 사회 시스템을 만들 필요가 있음을 상징적으로 보여주고 있다. 〈이코노미스트〉에서 표현처럼 한국은 처음 시도한 결과가 인생을 결정짓는 전형적인 'One Shot Society'인 것이다.[99]

그동안 우리나라의 기업들은 시장추격자Fast Follower의 전략을 도입하고 실천하는 방식으로 성공했다. 그리고 기업과 정부와 국민들의 헌신적인 노력이 열매를 맺어 이제는 어느덧 반도체, 자동차, 조선, 석유화학, IT, 전자제품에서는 이미 시장주도자의 위치에 올라서게 되었다. 즉 추격자에서 추격을 당하는 입장으로 변화되었다.

이러한 변화는 우리 기업들에게 지속가능한 성장을 위해서는 시장선도자First Mover가 될 것을 요구하고 있다. 하지만 아쉽게도 우리가 내세울 만한 시장선도자로서의 제품은 잘 생각이 나지 않는 것이 현실이다.

시장선도자가 되기 위해서는 시장의 방향을 정하는 능력이 필요하다. 즉 수동적으로 시장의 추세를 따라가는 트렌드 추격자Trend Follower가 아니라 능동적으로 앞장서서 시장의 새로운 추세를 창조하고 앞장서는 트렌드 형성자Trend Setter가 되어야 한다. 그리고 트렌드 형성자가 되기 위해 꼭 필요한 것이 혁신에 바탕을 둔 기업가정신인 것이다.

엘스페스 맥파지안Elspeth McFadzean[100] 등은 기업가적 행동이 결여된 혁신 노력은 이루어질 수 없는 꿈을 꾸는 것 같기 때문에 혁신과 기업가정신은 반드시 함께 묶여야 된다고 말했다. 그들은 기업의 기업가정신을 불확실한 환경 속에서 혁신을 추구하기 위한 노력이라고 정의하면서 그 예로 관료주위를 극복하기 위한 노력, 새로운 기회의 평가, 혁신을 위해 필요한 자원의 탐색 배분 등을 들었다. 한마디로 기업가정신이 혁신에 가치창출을 가능하게 하는 추진 동력을 제공한다는 것이다. 이 책에서도 새롭게 제시하고 있는 공동혁신생태계 전략은 기업가정신을 핵심 요인으로 포함하고 있다. 기업가정신은 새로운 제품과 서비스의 구상, 개발, 생산, 판매를 포괄하는 혁신 프로세스 전체에 걸쳐 꼭 필요한 에너지를 제공하는 강력한 비타민과 같은 존재인 것이다.

다음 장에서는 공동혁신이라는 혁신생태계와 더불어 이 책의 가장 중요한 혁신의 미래에 관해 논하고자 한다. 메타 이노베이션이라는 개념에서 설명했듯이 기존의 혁신 방법에 안주해서는 혁신에 성공할 수 없고 개방형 혁신과 컨버전스의 예와 같이 기존의 혁신 방법 자체를 혁신시킬 때 혁신은 성공해왔다.

그리고 이러한 혁신 전략 못지않게 중요한 것은 바로 혁신의 지향점이다. 올바른 혁신의 지향점이 있을 때 혁신은 가속화될 수 있고 그만큼 성공하여 조직과 사회에 기여할 수 있게 기회가 커지는 것이다. 그러므로 급변하는 글로벌 시대에서 혁신이 추구하는 지향점이 무엇인지를 경쟁상대보다 먼저 알고 준비하고 추구하는 것은 무엇보다 중요하다. 즉 혁신이 추구하는 미래의 지향점이 무엇인지에 대한 적극적인 논의가 필요한 것이다. 마지막 8장에서는 혁신의 미래라는 제목으로 바로 이 문제에 대한 담대한 접근과 예측을 하고자 한다.

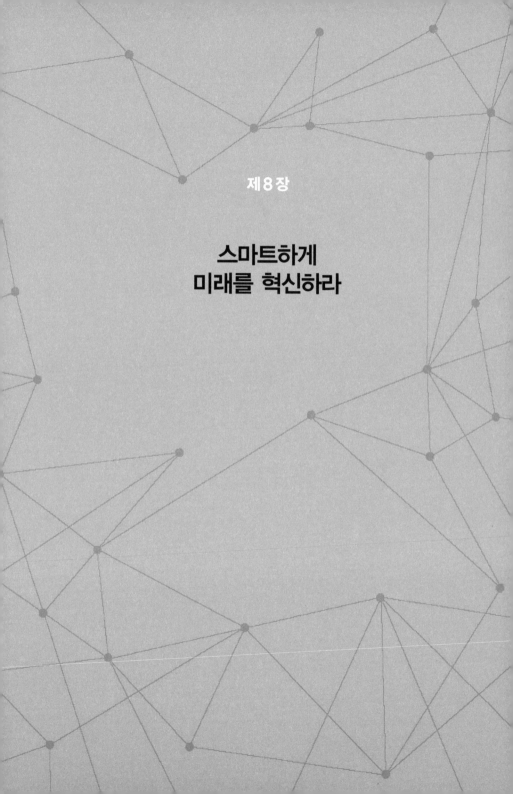

제 8 장

스마트하게
미래를 혁신하라

01

スマト한 미래를 예측하라

지금까지 가치창출을 위한 혁신의 개념, 진화, 새로운 방법들을 알아봤다. 혁신은 단지 어떤 조직만을 위한 것이 아니다. 개인, 집단, 조직, 지역, 사회, 국가, 나아가 세계를 위해 적용될 수 있다. 사실 혁신의 궁극적인 목표는 더 나은 미래를 창조하는 것이다. 이런 면에서 대다수의 사회구성원들이 더 나은 삶을 누릴 수 있는 기회를 좀더 많이 제공해줄 수 있는 스마트한 미래가 혁신의 궁극적 지향점이 되어야 한다.

스마트 카, 스마트 홈, 스마트 건물, 스마트 인프라, 스마트 시티, 스마트 사회, 그리고 스마트 국가 등 스마트라는 단어는 최근에 매우 빈번하게 사용되고 있다. '스마트 퓨처'는 혁신을 위한 모든 창조적인 노력의 궁극적인 지향점이 되어야 할 것이다.

스마트라는 단어의 개념은 진화하고 있고 어떠한 것에 관한 열망이 담겨 있는데 개인의 관점에 따라 다르게 정의될 수 있다. 스마트한 상태는 개인이 가진 상황, 환경, 문화, 가치 시스템에 달려 있기 때문이다. 그럼에도 불구하고 스마트한 미래의 일반적인 개념을 정리하자면 '좀더 지능적인 해법들이 삶의 질을 향상시키는 기술을 의미하는 라이프놀러지^{lifenology101}를 통하여 개발, 활용되어 더 나은 삶의 질로 연결될 수 있는 상태'를 의미한다. 또한 스마트한 미래는 사람들이 좀더 자유롭게 배움의 기회를 추구하고 사람들과 좋은 관계를 맺고 공동체, 직장 등에 편하게 참여할 수 있는 기회를 갖고 충분한 재정적 자원을 보유하고 편안한 라이프스타일을 즐길 수 있는 것을 의미한다.

이러한 스마트한 미래는 궁극적으로 사람들의 웰빙^{Well-being}을 향상시킬 것이다. 갤럽과 헬스웨이즈^{Healthways}의 공동작업에 의하면 웰빙은 다음과 같은 특성들을 포함해야 한다.

① 목적이 있는 삶 : 사람들은 자신이 매일 하는 일들을 즐기고 자신의 목표를 달성하려는 동기가 있어야 한다. 그러므로 야심찬 목표를 세우고 달성하기 위해 노력하는 것이 중요

하다.

② 사회적 연대가 있는 삶: 사람들은 삶에 희망과 의미를 부여하는 유기적이고 지원적인 관계, 애정, 신뢰, 몰입을 원한다.

③ 재정적 안정: 편안한 라이프스타일을 유지하기 위해서는 충분한 양의 재정적 자원이 현재와 미래에 필요하다.

④ 공동체의 만족: 사람들이 살아가는 장소를 즐기기 위해서는 사람들이 그들의 공동체, 조직, 국가와 안전을 제공해주는 정부에 대한 자부심이 있어야 한다.

⑤ 신체적 안정: 좋은 삶의 질을 위해서는 좋은 건강, 건강한 라이프스타일, 그리고 매일의 활동을 위한 충분한 에너지가 있어야 한다.

이런 기준에 따라 갤럽과 헬스웨이즈는 연간 글로벌 웰빙 인덱스를 만들었다. 이 인덱스에 따르면 대부분의 스칸디나비아 반도와 중앙아메리카 국가들(덴마크, 핀란드, 노르웨이, 스웨덴, 코스타리카, 파나마, 캐나다, 미국)이 매우 높은 순위를 부여받았다. 그러나 앞에 거론된 웰빙의 요소들은 하루아침에 생겨나지 않는다. 기술된 웰빙의 요소들이 존재하는 환경을 만드는 데는 오랜 시간이 걸린다.

스마트한 미래에 필요한 다음 요인들을 위해서는 혁신과 기업가정신이 꼭 필요하다.

① 스마트한 사람 : 빠르게 발달하는 기술, 글로벌한 정보 공
유, 그리고 새로운 혁신으로 인해 지식은 빛의 속도로 축
적되고 있다. 일부 과학자들은 우리가 가지고 있는 지식
의 90%가 지난 5~6년 사이에 생성되었다고 한다. 이것
은 우리가 지식의 창출과 관련된 인재들이 더 많이 필요
하다는 것을 의미한다. 공식교육이나 대학교육이 중요하
지만 더욱 중요한 것은 새로운 것을 배우는 방법과 배운
지식을 실질적으로 삶의 질을 향상시키기 위해 잘 활용
할 수 있는 스마트한 인재들이 필요한 것이다.

② 스마트한 리더십 : 오늘의 환경에서 훌륭한 지도자가 되기
위해서는 과감한 의사결정능력, 카리스마 있는 성격뿐만
이 아니라 훌륭한 소통능력이 있어야 한다. 지도자는 공
동의 노력과 성취를 위해 다른 사람들과 공동의 비전과
목표를 함께 창조할 수 있는 능력을 지니고 있어야 한다.
스마트한 리더는 사람들을 협력과 공유를 통해 스마트한
미래를 만드는 일에 몰입하게 하는 사람이다. 혁신이 항
상 직업을 창출하는 것은 아니고 오히려 파괴하거나 기
존의 직업이 요구하는 기술을 줄일 수도 있다. 스마트한

리더는 이노플레너십을 통해 양질의 일자리를 만들어내야 한다.

③ 스마트한 정부 : 정부기관들의 역할이 단순히 국민들을 대상으로 한 공공기관을 관리하는 것에 머물러서는 안 된다. 스마트한 정부는 투명성, 책임성, 만민에게 평등한 법치, 사회적 정의를 통해 안전한 공동체, 사회, 국가를 만들기 위한 시민의 참여를 독려하고 용이하게 해주는 정부를 의미한다.

④ 스마트한 인프라 : 스마트한 사회는 공공교통, 에너지, 깨끗한 물, 소통, 안전한 환경 등을 보장하는 효율적인 시스템을 필요로 한다. 이러한 스마트한 인프라를 만들기 위해서는 공공 부문과 민간 부문 간의 스마트한 협력이 필요하다. 이를 통해서 인프라를 만들어내고 지속적으로 향상시킬 수 있다.

⑤ 스마트한 집 : 인간의 가장 기본적인 욕구는 재정적으로 감당할 수 있으면서 효율적이고 평안한 집을 가지는 것이다. 스마트한 사람, 리더십, 정부, 인프라의 도움으로 미래의 집은 발달된 정보통신기술, 센서, 안전시스템, 스스로 학습하는 장치 등으로 단장될 것이다.

⑥ 스마트한 의료와 교육 : 미래에 가장 놀랄 만한 변화가 일어

날 것으로 기대되는 2가지 영역은 의료와 교육이다. 융합을 통해 일어난 엄청난 기술적 도약과 함께 인적 자원의 필요를 획기적으로 줄이는 많은 혁신들이 일어날 것이다. 예를 들면 MRI나 엑스레이를 읽어내는 스마트한 장치, 교육 분야에서의 개방형 온라인강좌MOOCs : Massively Open Online Courses를 들 수 있다. 이러한 기술로 무장한 새로운 시스템들은 사회, 경제적으로 또한 개인에게 엄청난 영향과 시사점을 준다.

⑦ 스마트한 산업 : 스마트한 사회의 새로운 경제 모델은 적은 수의 종업원들이 많은 고객을 응대할 수 있게 해줄 것이다. 인스타그램, 왓츠앱WhatsApp, 우버 등이 좋은 예다. 작은 기업들이 세계적 수준의 기업들과의 협력적인 관계를 통해 스마트한 공급사슬을 창조해낸다. 작은 기업들은 또한 소셜 네트워크, 모바일솔루션, 스스로 관리하는 기업 시스템 등 기술에 기반한 새로운 비즈니스 모델을 잘 활용할 것이다.

02

META QNNOVATION

혁신으로 만들어낼
스마트한 미래

우리가 필요한 혁신은 스마트한 미래로 가는 길을 가로막는 장벽들을 무너트리는 혁신이다. 우리는 이미 모든 종류의 질병과 싸우는 기적의 약, 다른 로봇이나 장치들과 지식을 공유할 수 있는 로봇, 인간의 의학적인 문제를 미리 예측할 수 있는 스마트한 바이오 칩, 발달된 분석을 위한 대량의 센서 등을 지니고 있다. 이러한 혁신의 일부 예는 다음과 같다.

① 인간의 재능과 직업 연결시키기 : 기술이 뒷받침하는 혁신은 개인의 재능을 평가하고 그 사람을 위한 최고의 직장을

찾아줄 수 있다. 자신의 재능이나 강점을 충분히 활용하는 직업을 가진 사람은 그 직업에 완전히 몰입하게 되어 매우 생산적이게 된다. 갤럽의 연구결과는 이러한 혁신이 모든 나라의 국내총생산을 성장시키는 원동력이 될 것으로 제시하고 있다. 스마트한 미래는 이러한 혁신을 필요로 한다.

② 올바르고 새로운 일을 하기 위한 직업의 창출 : 스마트한 미래는 목표를 달성하기 위한 새롭고 효과적인 해법과 가치의 창조를 요구한다. 전통적인 지혜는 기존의 작업들을 좀 더 효율적으로 함으로써 생산성의 점진적 향상을 이루는 것에 초점을 둔다. 이러한 혁신은 아직도 조직에 필요하지만 스마트한 미래에 충분한 기여를 하는 데는 한계가 있다.

③ 새로운 직업의 창출 : 혁신이 늘 새로운 일자리를 창출한다는 생각은 오해다. 사실은 많은 급진적인 혁신들은 기존의 직업들을 파괴시켰다. 미국의 예를 들면 생산성이 수백 배 향상됨에 따라 농업에 종사하는 인구는 20세기 초반의 41%에서 2%로 줄었다. 혁신은 때때로 기존의 숙련 직업을 비숙련 직업으로 전환시킨다. 스마트한 미래는 기존에 존재하지 않던 부분에서 좋은 직업을 창출하는

지속적인 혁신의 S 곡선이 필요하다. 최근 많은 논란을 만들고 있는 공유경제를 적극적으로 지지하는 사람들은 새로운 일자리 창출을 근거로 대고 있다.

④ 노년층 인구의 활용 : 거의 모든 국가에서 최근 노령화가 진행되고 있다. 일본의 경우 인구의 25%가 65세 이상이다. 스마트한 미래는 노년층을 사회에 참여할 수 있게 하고, 노년층의 축적된 지식을 가치창출을 위해 충분히 활용할 수 있게 한다. 점점 늘어나는 은퇴한 지식근로자들은 수많은 지식 중심 기업들을 위해 계약직으로 일할 수 있다.

⑤ 지속 가능한 녹색경영 : 스마트한 미래를 가로막는 주요 장벽 중의 하나는 환경 오염이다. 우리는 망가진 자연을 치유할 뿐만 아니라 글로벌한 기후 온난화와 변화로 인한 재해를 방지할 수 있는 지속적이고 혁명적인 혁신이 필요하다. 스마트한 미래는 녹생경영을 위한 인센티브를 마련하고 이러한 녹색경영이 이윤을 낼 수 있게 해주는 혁신을 필요로 한다. 즉 상충관계라고 여겨졌던 환경보호와 기업이윤의 극대화를 동시에 이룰 수 있게 해주는 혁신이 필요한 것이다.

⑥ 우리가 가진 상상의 한계 넘어서기 : 스마트한 미래에는 현재의 가능성에 안주하지 않고 상상조차 하기 어려운 새로운

것을 추구해야 한다. 이미 빅데이터, 인공지능과 다른 많은 스마트 기기들을 사용하여 미래를 예언할 수 있는 발달된 기술들이 존재한다. 질병을 미리 예측하고 치료하고 자연재해와 경제흐름을 예측하는 것은 이미 가능해진 일들이다. 머지않아 우리는 사람들의 기분, 감정, 가치, 나아가 문화까지도 선명하게 듣고 알 수 있게 될 것이다. 과거 '소리가 보여요' 라는 통신사의 광고처럼 모든 것을 선명하게 느낄 수 있는 시대가 올 것이다.

⑦ 디자인 사고 : 디자인 사고는 의사결정 문제가 잘 정의되어 있고 안정적인 상황에서 문제를 풀고 의사결정을 하는 전통적인 접근과는 달리 끊임없이 변화하는 의사결정 환경을 전제로 한다. 또한 주로 재무적인 성과를 추구했던 기존의 방법과는 달리 웰빙, 삶의 질, 행복, 더 나은 미래 등 전반적으로 사회를 위해 좋은 가치를 추구한다. 디자인 사고는 다양한 의사결정 변수들의 상황과 결합을 전제로 광범위하고도 실증적인 접근을 추구한다.

스마트한 미래는 모든 사람과 조직과 정부와 국가가 원하는 것이다. 싱가포르 정부는 이미 '스마트한 국가의 건설' 을 가장 중요한 국가차원의 의제로 정했다. 다른 많은 나라들이 유사한 이름의 국가적 목표를 설정하고 있다. 이스라엘과 한국의 창조 경제 건설도 한 예로 들 수 있다. 중앙국가가 거창한 국가적 목표를 달성하는 데 앞장서는 것은 자연스러운 일이다. 그러나 대부분의 정부는 스마트한 국가 건설을 위한 하드웨어만을 강조하고 있다. 정부가 제안한 프로젝트는 다음과 같은 예들이 있다.

- 정보통신기술, 바이오기술, 나노기술, 로봇공학, 인공지능과 같은 과학, 엔지니어, 기술을 위한 연구 인프라 개발
- R&D 센터, 연구단지, 혁신캠퍼스
- 경제 성장을 지원하기 위한 정부의 구조와 예산과 정책
- 수학, 과학, 공학교육의 지원
- 컨버전스 혁신을 위한 응용연구 센터

비록 앞에 제시된 전통적인 프로그램들이 바람직하긴 하지만 이러한 것들은 명백하게 보여지고 눈에 뛰는 것들이다. 스마트한 미래의 창조를 위해서는 좀더 소프트웨어적이고 환경적인 요인들에 초점을 둬야 한다. 좀더 구체적으로는 스마트한 미래를 위해 다음과 같은 것들이 전제가 되어야 할 것이다.

- 법의 집행, 책임성, 투명성이 일관적으로 적용되는 사회적 정의가 숨 쉬는 환경 만들기
- 창의성을 존중하고 보상하는 문화와 환경
- 기업가정신, 위험 감수, 실패에서 얻은 교훈에 가치를 부여하는 환경
- 일자리를 가져가는 취업보다는 일자리를 창출하는 창업을 지원하는 사회와 정부
- 협력적 리더십, 집단지성, 공유가치, 공유목표, 스마트한 미래의 구축의 긴급성에 대한 감정공유 등에 가치를 부여하는 사회

참고문헌

1   Smolan Roik and Erwitt, 《The Human Face of Big Data》, Against All Odds Production, 2012.

2   Jensen Rolf and Aaltonen Mika, 《Renaissance Society》, McGrawHill, 2012.

3   최배근, 《협력의 경제》, 집문당, 2012.

4   조직 전체를 가로지르는 하나의 정보 시스템, 특히 통합된 데이터베이스를 구축함으로서 지식과 정보의 흐름을 원활하고 투명하게 함으로서 부처 간의 융합을 이루고 내재되어 있는 다른 우수기업들의 최고경영관행(Best Practice)을 자연스럽게 습득하게 하여 경영혁신을 이루도록 돕는다.

5   OECD 통계를 보면 국가생산성의 지표 중의 하나인 GDP per hour worked를 보면 한국의 생산성은 1980년에 미국의 15.1%에 지나지 않았지만 2012년에는 43.8%까지 향상이 되었다(http://stats.oecd.org/Index.aspx?

DataSetCode= PDB_LV).

6   정보 시스템을 직접 구축하기보다는 네트워크를 통하여 원 거리의 IT 서비스 제공업자로부터 필요한 만큼만 하드웨어나 소프트웨어 서비스를 제공받는 것을 의미한다. 무료이지만 구글의 지메일도 한 예다.

7   www.compiere.com

8   www.salesforce.com

9   Lee, Sang M and Olson, David, 《Convergenomics》, Gower, 2011.

10   Sawhney, M., Wolcott, R., and Arroniz, I. "The 12 Different Ways for Copanies to Innovate", *MIT Sloan Management Review*, 2006.

11   제품이나 서비스 제공이 예측되는 시간대를 의미한다. 예를 들어 냉장고의 배송가능 시간대가 3시간(9시에서 12시)일 경우 고객은 최악의 경우 3시간 동안 기다리고 있어야 한다는 의미다. 이 시간이 짧을수록 고객은 더욱 만족하게 된다.

12   〈The Washington Post〉, "Exabytes : Documenting the 'digital age' and huge growth in computing capability".

13   고객 데이터를 예로 들자면, 세로열(column)에는 나이, 성별, 주소 등의 고객의 속성을, 가로에는 각 행마다 개개의 고객의 정보를 넣은 형태를 의미하며 이러한 표(Table) 간의 관계를 중심으로 데이터를 조직하는 것을 관계형 데이터

베이스(Relational Database)라고 하며 현재까지도 가장 폭넓게 사용되고 있다.

14 거대한 양의 데이터를 처리하기 위해 네트워크로 연결된 많은 컴퓨터에(network node) 작업을 잘게 나누어 동시에 할당함으로서 빠르게 처리(Divide and Conquer)하는 시스템으로 구글 등에서도 적극적으로 활용하고 있다.

15 Porter, Michael E. 'How Competitive Forces Shape Strategy,' *Harvard Business Review*, Mar/Apr 1979, 57(2), pp.137-145.

16 McGrath, Rita G. 《The End of Competitive Advantage : How to keep your strategy moving as fast as your business》, Harvard Business Press. December 2013.

17 Retrevo, www.retrevo.com/content/blog/2011/04/are-you-prisoner-your-phone-carrier, April 25, 2011.

18 신흥 경제 강국으로 부상하고 있는 브라질(Brazil), 러시아(Russia), 인도(India), 중국(China), 남아프리카공화국(South Africa)을 총칭하는 약어인데, 최근 경기둔화와 원유가 하락으로 브라질과 러시아는 많이 고전하고 있다.

19 기업이 미리 세운 계획에 따라 제품을 생산하는 것이 아니라 고객의 실질적인 수요에 따라 소량의 제품을 지속적으로 생산함으로서 재고비용을 최소화하고 실질적인 수요를 반영함으로서 고객의 만족까지 높이는 시스템이다. 적시생산의

철학은 고객의 수요가 직접 생산을 이끈다고 해서 풀(Pull) 시스템이라고도 불린다. 반대로 실제 수요와 관계없이 기존 계획에 따라 제품을 생산하는 것은 제품을 시장에 밀어낸다는 개념으로 해석되어 푸시(Push) 시스템으로도 불린다.

20 통계학적인 용어로 경영학적으로는 기업이 같은 제품을 100만 번 생산했을 때 약 3~4회의 오류가 나는 정도의 수준을 의미한다. 서비스산업의 예를 들면 운항 중에 승객의 짐을 잃어버릴 확률이 100만분의 3 정도인 것이다.

21 Merriam-Webster, 2014.

22 Lee, S., Olson, D, and Trimi, S. 2011. "Co-Innovation : Convergenomics, collaboration, and Co-creation for Organizational Values", *Management Decision*, Vol 50, No 5, pp 817-831.

23 원문표현 : Any new idea or approach that is applied in fundamen tally different ways to create value for the organization and other stakeholders such as customers, suppliers, partner organizations, communities, governments, or even general good of humanity.

24 Porter M., and Kramer, M. 2011. "Creating Shared Value", *Harvard Business Review*, Jan-Feb, pp 62-77.

25 Inside the Gates, Daughters of the Republic of Texas Library : San Antonio Flood of 1921. Drtlibrary.

wordpress.com(2010-09-24). Retrieved on 2013-05-04.

26 Tapsott, D.(2006), 《Wikinomics : How Mass Collaboration Changes Everything》. New York : Portfolio.

27 나이키는 자신들의 핵심역량이 디자인과 광고를 포함한 브랜드 관리에 있음을 알고 브랜드 관리 외의 거의 모든 기능들을 글로벌 파트너에게 아웃소싱하고 있다.

28 비지오 사는 미국 중저가 TV 시장의 점유율 1위 기업인데 TV의 조립에 들어가는 대부분의 부품들을 아웃소싱하고 조립만 수행함으로써 경쟁자의 제품과 비슷한 품질의 TV를 훨씬 싼 가격에 판매하고 있다. 비지오의 핵심역량은 고품질의 부품을 저렴하게 공급할 수 있는 우수한 공급업체를 찾아 협력계약을 맺는 능력이라고도 할 수 있다.

29 한 기업이 수직적 통합을 통하여 독립된 가치사슬을 만들어 생산의 모든 과정을 수행하는 것을 의미한다.

30 주도기업이 자신이 잘할 수 있는 분야만 집중하고 비핵심역량 분야는 각 분야에서 최고의 역량을 지닌 기업들을 잘 선별하여 협력함으로써 가치를 조직한다는 개념. 예를 들어 휴대전화 부품의 많은 부분을 삼성 등에서 구매하는 것은 물론, 제품의 조립은 중국 기업에게 맡기는 애플의 경우는 가치를 생산한다기보다는 가치를 조직한다는 표현이 좀더 정확한 설명일 것이다.

31 Chesbrough, H.(2003), 《Open Innovation : The New

Imperative for Creating and Profiting from Technology》, Boston : Harvard Business School Press.

32 다양한 대상들을 창조적으로 연결하여 새로운 가치를 개발하는 것을 의미한다. 서로 다른 것들을 연결하여 창의적인 아이디어를 얻는 융합적 사고를 강조한 스티브 잡스의 점들의 연결(connecting dots)과도 일맥상통한다고 할 수 있다.

33 Lichtenthaler, U., Hoegl, M. and Muethel, M. (2011), "Is your company ready for open innovation", *MIT Sloan Managem ent Review*, Fall, pp.45-48.

34 불특정 다수의 대상에게 필요한 지식을 구하는 행위를 의미한다. 예를 들어 AT&T는 혁신적 아이디어를 얻기 위해 크라우드 소싱을 했는데, 한 달 만에 약 1만 5,000가지의 아이디어를 불특정 다수의 개인들에게 얻을 수 있었다.

35 Von Hippel, E., Ozawa, S. and De Jong, J.(2011), "The age of the consumer-innovator", *MIT Sloan Management Review*, Fall, pp.27-35.

36 커스터마이제이션(Customization)이라고 불리며, 제품 하나 하나를 고객의 취향에 맞게 맞춤 생산하는 것을 의미한다. 그리고 맞춤 생산을 대규모로 해내는 것을 매스 커스터마이제이션(Mass Customization)이라고 부른다.

37 네트워크의 가치는 네트워크에 연결된 기기들의 숫자에 따

라 기하급수적으로 증가한다는 멧켈프의 법칙(MetCalfe's Law)에 기반한 아이디어다.

38 Boudreau K., and Lakhani K., "How to Manage Outside Innovation", *Sloan Management Review*, Summer 2009.

39 Howkins, John, 《The Creative Economy : How People Make Money From Ideas》, Penguin, 2013.

40 Howkins, John, 《Creative Ecologies : Where thinking is a proper job, Transaction Publishers》, New Brunswick(U.S.A.), 2013.

41 Tansley, A. G., "The Early History of Modern Plant Ecology in Britain". *Journal of Ecology*, 35(1) : pp.130-137, 1947.

42 Merriam Webster Dictionary, www.merriam-webster.com, 2014
원문 표현 : The complex of a community of organisms and its environment functioning as an ecological unit.

43 Moore, J. 《The Death of Competition : Leadership and Strategy in the Age of Business Ecosystems》, New York : HarperBusiness, 1996.

44 Pratt, A., "Creative Cluster : Toward the Governance of the Creative Industries Production System?" *Media*

International Australia : Culture & Policy 112, pp.50-66, 2004.

45 Scott, A. "Cultural Economy and Creative Field of the City", *Journal of Compilation*, 2006.

46 Jackson, D., http://erc-assoc.org/sites/default /files/topics/po licy_studies/DJackson_Innovation%20 Ecosystem_03-15-11.pdf, 2011.

47 Autio, E. A. and Thomas, D. W. 《Innovation Ecosystems : Implications for Innovation Management?》, The Oxford Handbook of Innovation Management, 2014

48 Gobble, Mary Ann, "Charting the Innovation Ecosystem", *Research and Technology Management*, vol. 57, No. 4, July-August 2014.

49 Clifton, Jim, 《Job War》, Gallup Press, Washington. 2011.

50 Lawlor A., "Innovation Ecosystems : Empowering Entrepreneurs and Powering Economies", *The Economist Report*, 2014.

51 Hwang V. http://www.forbes.com/sites/victorhwang/20 14/04/16/the-next-big-business-buzzword-ecosystem, 2014

52 최배근, 《협력의 경제》, 집문당, 2013

53 Kanter, R. M. "The Business Ecosystem", *Harvard*

Mega zine, Sep—Oct, 2012.

54 관점에 따라 다양하게 정의되어 왔기 때문에 명확하게 정의 내리기는 어렵지만 1998년에 Annual Review of Sociology에서 스탠퍼드대학교의 아레잔드로 포르테 (Alejandro Portes) 교수(1998)가 내린 정의가 공동혁신의 맥락과 가깝다고 할 수 있다. 그는 기존 문헌에 대한 연구를 기반으로 사회적 자본을 사회적 관계망(social network)이나 다른 사회구조 속에 구성원이 되어 이익을 얻을 수 있는 능력으로 정의했다. 그는 경제적 자본은 사람들의 은행계좌에 있고 인적 자본은 두뇌 속에 있는데 반하여 사회적 자본은 사람들 간의 관계 속에 있다고 봤다. 즉 사회적 자본의 실행을 위해서는 다른 사람들과 관계를 맺어야 하고 사회적 자본의 혜택의 시발점은 내가 아니라 나와 관계를 맺고 있는 타인들인데 타인들의 마음을 움직여서 필요한 자원을 제공하게 하는 능력이 중요하다는 것이다.

55 기존의 기업의 사회적 책임(CSR : Corporate Social Responsibility)의 한계를 극복하는 대안으로 마이클 포터 등에 의해 제시된 아이디어다. 기존의 사회적 책임은 사회적 책임과 기업의 이윤이라는 두 핵심 요인 간의 충돌이라는 명확한 한계가 있었는데 공유가치창출은 지역 공동체를 포함한 기업의 모든 이해당사자가 공유할 수 있는 가치를 정의하고 함께 추구하면 사회적 책임과 기업의 장기적 이익이라는 2가지를 한꺼번에 잡을 수 있다는 것이 핵심 주장이다.

56 Heimans J. and Timms H., "Understanding New Power", *Harvard Business Review*, pp.48-56, December, 2014.

57 원문에서는 힘(Power)라는 용어를 사용했다.

58 Luthans F., "Positive organizational behavior : Developing and managing psychological strength", *Academy of Management Executive*, Vol 16, No 1, pp.57-72. 2002

59 인적 자원의 강점과 심리적 역량 등의 긍정적인 면에 초점을 두고 적극적으로 개발하고 활용하여 기업의 성과를 향상시키려는 노력을 의미한다. POB는 더 많은 연구를 통하여 심리적 자산(PsyCap : Psychological Capital)이라는 새로운 아이디어로 진화했다.

60 Jensen R., and Aaltonen M., 《The Renaissance Society : How the shift from Dream Society to the Age of Individual Control Will Change the Way You Do Business》, McGrawHill, 2013.

61 Prahalad C., and Ramaswamy V., "The Co-Creator Conne ction", *Strategy+Business*, 27, pp.1-12, 2002.

62 Lee, S, Olson, D and Trimi, S., "Co-innovation : convergenomics, collaboration, and co-creation for organizational values", *Management Decision*, Vol. 50 Iss : 5, pp.817-831, 2012

63 Verganti R., "Designing Breakthrough Products", *Harvard Business Review*, 2011.

64 Chesbrough, H. and Appleyard, M. "Open innovation and strategy", *California Management Review*, Vol. 50, No. 1, pp. 57–76, Fall 2007.

65 Porter, M. E. 《Competitive advantage : Creating and sustaini ng superior performance》, Simon and Schuster, New York, 1985.

66 Williamson, P., and De Meyer, A. "Ecosystem advantage : How to successfully harness the power of partners", *California Management Review*, Vol. 55, No. 1, pp.24–46, 2012.

67 최배근, 《협력의 경제》, 집문당, 2013

68 Porter M. and Kramer, M. "Creating Shared Value", *Harvard Business Review*, pp.63–77, January 2011

69 암묵지(Tacit Knowledge)는 형식지(Explicit Knowledge)의 반대되는 경험으로 명확하게 구조화되어 있지 않기 때문에 쉽게 전달되거나 모방하기 어려운 지식을 의미한다. 형식지의 예로는 요리책이나 교과서 등을 들 수 있고 암묵지의 예는 조리사의 조리기술, 교수의 강의법 등 오랜 시간 동안 경험을 해야 자연스럽게 체화가 되는 지식을 들 수 있다. 정보통신기술의 비약적인 발전으로 형식지를 모방하는 것은 너무나 쉬운 일이 되었지만 암묵지를 모방하는 것은 아직도

어려운 분야로 인식되고 있다. 하지만 미래에는 인공지능과 빅데이터의 발전으로 인해 암묵지의 학습과 전파도 지금보다는 훨씬 용이해질 것으로 보인다.

70　Hopkins, M., "The Four Ways IT is Revolutionizing Innovation", *Sloan Management Review*, pp.75-80, 2010.

71　네트워크의 속도가 빨라짐에 따라 가능해진 기술로 클라이언트로 불리는 사용자의 컴퓨터에 사용자의 데이터와 응용 프로그램을 대부분 설치하여 사용하던 과거의 방식에서 탈피하여 인터넷으로 연결된 서버 컴퓨터에 데이터와 응용프로그램을 설치하고 네트워크를 통하여 작동, 사용하는 방식을 의미한다. 안정적인 서버상에서 데이터와 응용 시스템을 작동시키고 값비싼 응용 프로그램을 직접 사용자의 컴퓨터에 설치하여 사용하는 대신에 네트워크를 통하여 마치 전기나 물을 사용하듯 필요한 만큼만 사용한 후 사용량에 따라 요금을 낼 수 있는 장점이 있다. 그래서 유틸리티 컴퓨팅(Utility Computing), SaaS(Software as a Service)로 불리기도 한다. 더 나아가 아마존의 EC(Elastic Computing)처럼 하드웨어 전산 역량을 빌리는 경우는 HaaS(Hardware as a Service)로 불리기도 한다. 가장 흔히 적용된 크라우드 컴퓨팅의 예는 구글의 이메일 서비스인 지메일이나 인터넷상에서 서류를 작성할 수 있는 구글 앱 등을 들 수 있다.

72　조직의 기능부서마다 지니고 있던 각각의 정보 시스템을 하

나로 통합하여 정보의 공유와 흐름을 원활하게 하고 최고경영관행을 내재시켜 ERP를 도입하는 기업은 산업 내의 최고 경영관행을 자연스럽게 벤치마크하고 실행할 수 있게 했다. 원래는 독일 IBM 지사의 직원들이 아이디어를 개발했으나 회사에서 받아들이지 않자 직접 ERP 기업을 만들었는데 그 기업이 ERP 최고의 벤더인 독일의 SAP의 모태가 되었다.

73 경험이 축적될수록 자신의 지식이나 능력을 스스로 향상시킬 수 있는 컴퓨터의 능력을 의미한다. 사용자가 많아질수록 구글 번역 서비스처럼 온라인상의 번역 프로그램의 정확도가 향상되는 것이 좋은 예다. 이를 빅데이터에 응용하면 엄청나게 축적되는 데이터에 의해 지속적인 학습효과가 컴퓨터에 축적이 되면 기계가 인간처럼 생각하고 배우고 행동하는 날이 곧 오게 될 수도 있다는 것이다.

74 비정형적 문자 기반의 자료에서 특정한 키워드나 문맥을 기반으로 의미를 찾아내는 기법이다.

75 서로 연결된 테이블 간의 관계를 기반으로 구축된 데이터베이스를 말한다.

76 관계형 데이터베이스를 활용하여 원하는 자료를 탐색해내기 위해 사용하는 데이터 관리 언어(Data Manipulation Language)다. 셀렉트(Select), 프롬(From), 웨어(Where)를 기본 명령어로 하고 있다.

77 대규모의 데이터를 기반으로 숨겨진 규칙이나 패턴을 찾아내는 방법이다. 예를 들어 같은 수요곡선을 그리는 제품들을 매

장 내에 비슷한 위치에 진열하여 매출을 올리고 고객의 편의를 제공하기 위해서는 데이터마이닝의 어소시에이션(association) 기법이 활용될 수 있고 유사한 고객집단(최근에 집을 산 사람)의 다음 행동(이사 후 2주 안에 새집 구매자의 70%가 냉장고를 구매한)을 예측하기 위해서는 행동순서(Sequencing) 분석이 활용될 수 있다.

78 모든 사물들이 정보통신기술로 연결되어 하나의 네트워크화되어 데이터를 만들어내고 교환하는 초연결시대(Hyper Connectivity)를 의미한다. 외부에서 집안의 가전기기를 조정하는 것이 사물인터넷 도입의 초기 단계로 보면 된다.

79 사물인터넷과 유사한 개념이지만 인간의 역할을 좀더 강조한 개념이다. 인간을 둘러싼 모든 사물들이 서로 소통하며 교감을 이루며 가치를 만들어내는 것을 의미한다. 일부는 사물인터넷에서 더 진화하여 빅데이터 등의 첨단 IT 기술을 모두 포함하는 초연결 네트워크로 보기도 한다.

80 Nonaka, I. and Takeuchi, H., 《The knowledge-creating company》. New York, Oxford : Oxford University Press, 1995.

81 전도서 1장 9절

82 Merriam Webster Dictionary, www.merriam-webster.com, 2014.

83 Lee, S., and Olson, D., 《Convergenomics》, Springer, 2011.

원문 표현 : Synergic combination of ideas, objects for other contexts utilized in a manner yielding better results than were possible before.

84 Jim Harter, Gallup, "Engaged Workers Report Twice as Much Job Creation", www.gallup.com/poll/148883/engaged-workers-report-twice-job-creation.aspx, August 9, 2007.

85 컨버전스는 다양한 측면에서 새로운 혁신을 불러일으키기 때문에 기존 산업의 경쟁 환경에 근본적인 변화를 일으키기도 한다. 예를 들어 마이클 포터의 5가지 경쟁 요인 모델을 활용하면 애플의 스마트폰은 자체에 내재되어 있는 다양한 융합(제품 융합, 조직 간 융합, 산업 간 융합, 기술적 융합)에 기반한 컨버전스의 결과로 휴대전화 시장의 새로운 시장 진입자가 되었고 GPS 내비게이터 시장에서는 대체재로서의 역할을 했다. 또한 기존의 통신 서비스업체가 가진 우월한 지위를 박탈하여 휴대전화 제조업체에게 가져옴으로서 공급업자의 힘을 향상시켰고, 구매업자라 할 수 있는 고객의 차원을 휴대전화라는 1차원에서 GPS 내비게이터, 카메라, MP3 플레이어 등 다차원화시키는 결과를 가져왔다.

86 1972년에 발표되어 빌보드차트 1위에 오른 'Mother and Child Reunion'을 통해 레게 음악을 소개했다.

87 1986년에 발매된 그레이스랜드(Graceland) 앨범을 통해 남아프리카 음악을 소개했다. 폴 사이먼은 그 외에도 잉카,

브라질, 북아프리카 등 다양한 세계음악을 미국의 팝 음악과 접목시키는 실험을 했다.

88 Bason, C., 《Leading Public Sector Innovation》, PolicyPress. UK, 2010.

89 Brown, Tim and Wyatt Jocelyn, "Design Thinking for Social Innovation", *Stanford Social Innovation Review*, Winter 2010.

90 원문 표현 : Design thinking can be described as a discipline that uses the designers sensibility and methods to match peoples needs with what is technologically feasible and what a viable business strategy can convert into customer value and market opportunity.

91 Brown, Tim, "Design Thinking", *Harvard Business Review*, June 2008.

92 Wubben, M & Wangeheim, F. "Instant Customer Base Analysis : Managerial Heuristics Often Get It Right", *Journal of Marketing*. Vol. 72 Issue 3, pp.82-93. May 2008.

93 Simon H., 《The New Science of Management Decision》, Englewood Cliffs, NJ : Prentice Hall, 1977.

94 Moggridge, B. www.mind-lab.dk, 2009.

95 Drucker, P. "The Discipline of Innovation", *Harvard*

Business Review, pp.67–72, May–June 1985.

96   Lumpkin, G. T., and Dess, Gregory G., "Clarifying the Entrepreneurial Orientation Construct and Linking It to Performance," *Academy of Management Review*, Vol. 21, No. 1, pp.135–172, 1996

97   Lee, Sang M. and Peterson, Suzanne J., "Culture, Entrepreneurial Orientation, and Global Competitiveness". *Journal of World Business*, 35(4), 2000, pp.401–416.

98   Noteboom, B., & Stam, E., 《Micro Foundation for Innovation Policy》, Amsterdam, 2008.

99   《Economist》, "The One–Shot Society", December 17, 2011.

100   McFadzean E., O'Loughlin A., and Shaw, E., "Corporate Entrepreneurship and Innovation Part 1 : The Missing Link, Europan", *Journal of Innovation Management*, Vol. 8, No, 3. 2005, pp.350–372.

101   Life와 Technology의 합성어로 기술을 통하여 인간의 삶을 향상시키는 것을 의미한다.

아무도 예측하지 못한 공동혁신의 미래

메타 이노베이션

제1판 1쇄 인쇄 | 2016년 4월 27일
제1판 1쇄 발행 | 2016년 5월 4일

지은이 | 이상문 · 임성배
펴낸이 | 고광철
펴낸곳 | 한국경제신문
편집주간 | 전준석
책임편집 | 이혜영
교정교열 | 김선희
기획 | 이지혜 · 백상아 · 유능한
홍보 | 이진화
마케팅 | 배한일 · 김규형 · 이수현
디자인 | 김홍신
본문디자인 | 디자인 현

주소 | 서울특별시 중구 청파로 463
기획출판팀 | 02-3604-553~6
영업마케팅팀 | 02-3604-595, 583 FAX | 02-3604-599
H | http://bp.hankyung.com E | bp@hankyung.com
T | @hankbp F | www.facebook.com/hankyungbp
등록 | 제 2-315(1967. 5. 15)

ISBN 978-89-475-4096-4 03320